MON CAHIE

W0343547

VEGGIE

HÉLÈNE DEFRETIN

ILLUSTRATIONS : ISABELLE MAROGER

SOLAR ÉDITIONS

SOMMAIRE

Introduction

Le fait de « bien manger » prend une part de plus en plus importante dans nos vies. Les nombreux exemples de crises sanitaires liées à la viande (veau aux hormones, vache folle, grippe aviaire…), ou de duperies des consommateurs sur le contenu réel de plats cuisinés révélées dans les médias, nous poussent à revenir aux basiques et au fait maison, bien meilleurs au goût et, au final, moins chers et « sécurisants » ! Toutes ces affaires nous amènent aussi à nous demander en quoi la consommation régulière de viande est vraiment utile. En fait, ce qui empêche nombre de personnes à suivre une alimentation végétarienne réside souvent dans le manque de connaissance des produits qui existent, et dans la peur des carences alimentaires. Beaucoup de gens pensent qu'il suffit simplement de retirer la viande et le poisson de leur assiette pour ressentir tous les bénéfices d'une alimentation végétarienne. Ils souhaitent protéger l'environnement et respecter la condition animale, mais ils ne connaissent pas les produits nécessaires à l'alimentation « veggie » ni la composition équilibrée des aliments dans leurs menus. Ils peuvent donc en subir des conséquences négatives : prise de poids, augmentation du taux de cholestérol, carences…

C'est pourquoi, je vous emmène, à travers ce livre, sur les chemins de l'équilibre alimentaire avec une alimentation sans viande ni poisson. Vous trouverez de nombreux avantages à cette alimentation équilibrée, savoureuse et facile à préparer, puisque certains produits typiquement « veggie » sont maintenant disponibles en grande surface. Et pour les aliments moins usuels, des magasins spécialisés (Biocoop, magasins bio…) en proposent maintenant un peu partout. Manger équilibré et veggie, c'est simple… Suivez le guide !

Chapitre 1

Veggie, quèsaco ?

Le végétarisme est un mode alimentaire qui exclut les viandes, et parfois même les poissons, les œufs ou tout aliment issu d'une production animale (lait, fromage, miel, beurre…)

Les principaux profils de végétariens

L'alimentation **ovo-lacto-végétarienne** exclut les viandes et les poissons mais intègre les œufs et les produits laitiers. C'est le régime le plus large. Certains consomment des poissons, ils sont pesco-végétariens.

Les **lacto-végétariens** ne mangent ni viande, ni poisson, ni œufs, mais ils consomment des produits laitiers.

À l'inverse, les **ovo-végétariens** ne consomment pas de produits laitiers, mais ils incluent des œufs dans leur assiette.

Quant aux **végétaliens**, ils excluent de leur alimentation tout produit issu de l'exploitation animale (œuf, produits laitiers, beurre, miel…). Plus largement, ils n'achètent pas de vêtements en cuir, en laine ou en fourrure, et évitent les produits cosmétiques testés sur des animaux.

Enfin, les **flexitariens** font… comme bon leur semble ! Ils ont une alimentation globalement végétarienne, mais mangent ponctuellement certaines viandes ou poissons au restaurant ou au cours d'invitations.

Dans ce cahier, il ne s'agit pas de prôner tel ou tel profil. Le but est de vous donner des outils pour ÉQUILIBRER au mieux vos repas sans viande ni poisson, que vous mangiez ou non des œufs et des produits laitiers. Vous trouverez des alternatives à ces produits dans certaines recettes afin de limiter au maximum les aliments d'origine animale tout en gardant un équilibre nutritionnel optimal pour chaque repas. Car c'est bon pour la santé ! Alors bienvenue dans l'assiette veggie, vous allez vous régaler !

Test : quel végétarien êtes-vous ?

Que ce soit pour des raisons de santé, parce que vous êtes contre la souffrance animale, que vous en avez assez de la malbouffe ou parce que, depuis longtemps, vous vous questionnez sur la nécessité de manger du bifteck, il est toujours intéressant de comprendre le cheminement qui vous guide vers une alimentation sans viande ni poisson.
Pour vous y aider, faites le test !

Vous mangez de la viande...

- À chaque repas, j'adore ça ! (1 point)
- De moins en moins (3 points)
- Parfois, mais des morceaux bien choisis, et seulement quand je sais d'où ils viennent (2 points)

Lorsque vous achetez un aliment, vous regardez en premier...

- Son prix (1 point)
- Sa teneur en calories (2 points)
- Sa composition (3 points)

Aimez-vous cuisiner ?

- Non, je n'ai pas le temps (1 point)
- Oui, c'est mon petit plaisir (3 points)
- Surtout pour les autres (2 points)

Le prix de la viande augmente...

- Comme tout le reste, c'est insupportable ! (1 point)
- Tant mieux, on en consomme moins ! (3 points)
- Une raison de plus pour privilégier la qualité à la quantité (2 points)

Pour vous, le végétarisme c'est...

- Bon pour la santé et pour la planète (3 points)
- Un effet de mode (1 point)
- Intéressant pour consommer mieux (2 points)

Vous achetez des plats tout prêts contenant de la viande...

- Oui, c'est très pratique quand on manque de temps (1 point)
- Jamais (3 points)
- Aucun depuis le scandale de la viande de cheval dans des lasagnes « 100 % pur bœuf » (2 points)

Pour vous, la présence des animaux dans les zoos, c'est...

- Indispensable pour faire un beau spectacle (1 point)
- Inadmissible quand on voit leurs conditions de vie (3 points)
- Nécessaire pour la sauvegarde de certaines espèces (2 points)

Pour faire vos courses, vous allez...

- En grande surface, il y a tout ce que l'on veut (1 point)
- Au marché, j'adore les couleurs des étalages (2 points)
- Chez un producteur local, ses tomates ne sont pas toutes rondes, mais elles sont succulentes ! (3 points)

Au restaurant, vous choisissez...

- Difficilement, car vous êtes souvent déçu par le choix des plats, vous préférez les entrées et les desserts… (3 points)
- Toujours la même chose, en général entrecôte et frites (1 point)
- Le plat du jour ou une grande salade pour avoir des produits de saison (2 points)

Le quinoa, c'est...

- Je donne ma langue au chat (1 point)
- Super bon ! Surtout cuit façon risotto ! (3 points)
- Une alternative sympa au riz et aux coquillettes, mais que je ne sais pas bien cuisiner (2 points)

Les végétaliens sont des personnes qui...

- Ont tout compris ! (3 points)
- Font partie d'une secte ! (1 point)
- Doivent être prudentes pour éviter les carences alimentaires (2 points)

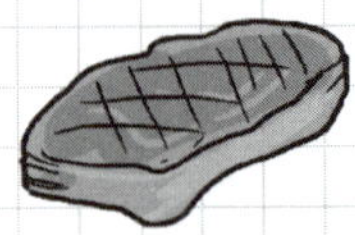

Les restaurants qui proposent une côte de bœuf de 500 g sont...

- Trop cool ! (1 point)
- Idiots, c'est plus du gaspillage qu'autre chose ! (2 points)
- À fermer sans délai ! (3 points)

Vous mangez du poisson...

- Régulièrement, c'est bon pour la santé ! (2 points)
- Pas souvent, je n'aime pas trop ça (1 point)
- Rarement (3 points)

À quelle fréquence vous rendez-vous dans un magasin bio ?

- Toutes les semaines (3 points)
- Jamais (1 point)
- De temps en temps, pour trouver les produits bio que je ne trouve pas ailleurs (2 points)

Les repas en famille qui durent des heures, vous trouvez cela...

- Super, on mange toute la journée ! (1 point)
- Enrichissant, on peut discuter avec tout le monde (3 points)
- Ennuyeux ! Vous préférez aller faire une balade plutôt que de rester assis (2 points)

Faites les comptes !

Additionnez le nombre de points correspondants à vos réponses et reportez-vous aux résultats suivants.

....

Vous avez entre 15 et 24 points : *qui ne tente rien n'a rien !*

Vous seriez du genre à croire que les végétariens ne mangent presque rien de goûteux. Et lorsque vous vous informez sur l'alimentation végétarienne, c'est plutôt contraint et forcé ! Mais peut-être souffrez-vous d'un léger surpoids ou d'un peu de cholestérol, voire de diabète ? Votre médecin et votre entourage vous conseillent de manger moins gras, moins salé et de diminuer votre consommation de viande. Vous n'avez qu'à suivre le guide pour comprendre les bienfaits d'une alimentation sans viande ni poisson ! Vous pourrez commencer par manger végétarien un seul jour par semaine. En vous aidant des nombreuses recettes présentées dans ce cahier Veggie, vous trouverez ainsi autant de plaisir qu'avec une alimentation carnassière !

Vous avez entre 25 et 34 points : *vous êtes courageux, mais pas téméraire...*

Vous optez déjà pour des règles de bon sens concernant les produits que vous mettez dans votre Caddie et votre assiette, mais vous restez sur vos gardes par rapport au végétarisme car vous craignez les carences alimentaires. Vous connaissez les règles de base de l'équilibre mais vous ne voyez pas comment les adapter à une alimentation sans viande ni poisson. Vous trouverez dans ce livre les informations nécessaires pour éviter le plus possible la viande et le poisson dans votre assiette tout en mangeant vraiment équilibré. Mais restez vigilant et ne tombez pas dans la rigidité !

Vous avez plus de 35 points : *végétarien, vous l'êtes déjà... mais n'oubliez pas l'équilibre alimentaire !*

C'est bon, vous êtes prêt pour le grand saut ! Vous éliminerez de votre assiette la viande et le poisson sans aucune difficulté ! Vous trouverez dans ce livre bon nombre d'astuces pour varier votre alimentation, découvrir de nouveaux aliments et équilibrer votre assiette sans viande ni poisson. Et si vous êtes tendance « vegan » ou simplement allergique, vous aurez des conseils pour équilibrer parfaitement vos repas sans gluten, sans œufs et sans lait... À vos fourchettes !

Les avantages de l'alimentation végétarienne

Une alimentation végétarienne présente de nombreux bénéfices dans des domaines très variés : santé, écologie, économie, éthique… En voici les **10 grands** commandements, détaillés à travers la « charte » du végétarien heureux…

1 – Ta vie tu prolongeras !

Depuis plus de trente ans, des études sont réalisées pour trouver une corrélation entre alimentation végétarienne et espérance de vie. Et les résultats de ces études vont tous dans le même sens : les végétariens vivent effectivement plus longtemps que les mangeurs de viande ! Cette longévité est facile à comprendre : les végétariens sont moins sujets aux cancers, au surpoids, aux maladies cardiaques et au diabète de type 2, grâce aux bienfaits des aliments courants de la cuisine végétarienne : fruits, légumes, oléagineux, légumineuses et céréales complètes, entre autres…

Il faut aussi noter que les végétariens ont, en général, un mode de vie plus sain et font plus de sport, ce qui favorise le phénomène de longévité. À bon entendeur…

2 – Les maladies cardio-vasculaires et le cholestérol tu diminueras

Le cholestérol étant une graisse animale, en éliminant la viande de votre assiette, vous diminuez l'apport de graisse néfaste à l'organisme et surtout au système cardio-vasculaire. Pour rappel, le mauvais cholestérol, ingéré en trop grande quantité, est responsable de la formation de plaques d'athérome qui finissent par obstruer une ou plusieurs artères. Il est d'ailleurs important dans une alimentation végétarienne de ne pas remplacer systématiquement la viande par des œufs et du fromage, deux aliments riches en mauvais cholestérol, au risque de voir son taux de cholestérol augmenter ! Lisez le chapitre 3 (p. 23) afin de connaître les substituts possibles à la viande.

Ces conseils ont un rôle informatif mais ils ne doivent pas se substituer à un éventuel traitement médicamenteux prescrit par votre médecin.

Autre facteur de risque d'apparition des maladies cardio-vasculaires : les acides gras saturés. On les retrouve en grande quantité dans les aliments d'origine animale, mais également dans de nombreux produits industriels. Une personne qui élimine la viande de son assiette et qui transforme elle-même ses aliments présente donc moins de risque de développer une maladie cardio-vasculaire ou un accident vasculaire.
Quant à l'hypertension artérielle, ce n'est pas pour rien que votre médecin vous conseille de diminuer la viande et d'augmenter la portion de fruits et de légumes dans vos menus. Rappelez-vous d'Hippocrate : « Fais de l'alimentation ton premier médicament ! »

3 – Ton transit et ta digestion tu amélioreras

Manger végétarien, c'est manger plus de fruits, de légumes, de légumineuses et de céréales complètes. Ces aliments étant très riches en fibres, la digestion est ainsi plus facile et le transit plus régulier. Autre intérêt notable : les fibres présentent également l'avantage de retarder la sensation de faim, et donc le grignotage !

D'autres facteurs sont nécessaires à un bon transit : boire suffisamment d'eau et avoir une activité physique régulière, même légère. Les plus sédentaires d'entre vous pourront commencer par un peu de marche chaque jour…

4 – Des cancers tu t'éloigneras

C'est grâce à la conclusion de l'étude SU.VI.MAX que le message de santé public « Mangez au moins 5 fruits et légumes par jour » est apparu.

Il est prouvé que l'un des facteurs de risque de certains cancers provient d'une mauvaise alimentation. Par exemple, la consommation excessive de viande rouge et de charcuterie augmente le risque de cancer du côlon et du rectum. À l'inverse, l'étude SU.VI.MAX a permis de corréler l'ingestion de facteurs protecteurs des cancers, les antioxydants, et la diminution de la fréquence des cancers. Cette étude française a porté sur 13 000 personnes pendant huit ans. Il s'agissait de donner à des adultes une supplémentation journalière en vitamines antioxydantes (vitamines C, E et A) et en minéraux antioxydants (sélénium et zinc). Cette prise journalière a permis de réduire le taux de certains cancers. Or, ces antioxydants étant surtout présents dans les aliments d'origine végétale, une alimentation végétarienne permet donc de prévenir les risques de cancer de l'œsophage, de l'estomac et du larynx.

Dans certains pays où la nourriture à dominance végétale est consommée depuis toujours, l'arrivée d'une alimentation occidentale riche en viande a tendance à provoquer une augmentation des cancers parmi la population. Ainsi, au Japon ou encore en Inde, l'implantation d'une alimentation de type occidentale riche en viande fait augmenter le taux de cancers colorectaux.

5 – Le diabète de type 2 tu éviteras

Les facteurs de risque, entre autres, de ce diabète sont le surplus de poids, une alimentation riche en mauvaises graisses et l'hypertension artérielle. En choisissant une alimentation plus végétarienne, vous améliorerez votre tension artérielle et vous diminuerez la quantité de mauvaises graisses dans votre assiette… Ce type d'alimentation aura également un impact positif dans la prévention du diabète de type 2 en régulant votre poids. En effet, la viande contient beaucoup de calories ! En limitant votre consommation de viande, vous diminuerez donc vos apports en calories inutiles…

Petit bémol quand même : en tant que diététicienne, je dois vous rappeler que, si vous ne mangez pas de façon équilibrée, que vous soyez végétarien ou non, vous risquez une prise de poids, même si celle-ci sera plus importante dans le cadre d'une alimentation carnassière… Les personnes qui ont réussi à maigrir en passant à une alimentation végétarienne ont d'abord sélectionné ce qu'elles mettaient dans leur assiette. L'apport de fibres et l'absence des mauvaises graisses d'origine animale se sont chargés du reste… D'où l'intérêt de manger « veggie ET équilibré »… C'est le but de ce cahier !

Avis à tous les gros mangeurs : à calories égales, un repas sans viande sera bien plus volumineux qu'un repas composé avec…

6 – Les animaux tu protégeras

La surconsommation actuelle de viande et de poisson oblige à créer des mécanismes d'élevage et d'abattage de plus en plus intensifs, où l'animal quitte le domaine du vivant pour devenir un pur produit de consommation. Il est loin le temps où les cochons vivaient tranquillement au milieu des habitants de la ferme avant de devenir des saucisses !

On ne peut pas rester de marbre face aux images montrant la réalité de l'élevage intensif ou le fonctionnement des abattoirs. Sans compter que l'on comprend mieux les risques sanitaires qu'entraîne cette surproduction industrialisée ! Le but ici n'est pas de bouleverser ses habitudes du jour au lendemain, mais une prise de conscience s'impose… Pour ceux qui ne peuvent se passer de viande : et si vous en consommiez de façon raisonnée, en la commandant chez un petit producteur local ? C'est un bon moyen de vous assurer de la qualité de vos produits. Pour une question de budget et de logistique, pensez aussi à la congeler ! Veillez également à choisir un producteur qui a une démarche écologique et éthique envers les animaux. Certains producteurs préfèrent avoir moins de profit mais voir leurs bêtes gambader dans les prés ! D'ailleurs, pourquoi ne pas aller visiter en famille l'exploitation de ce petit producteur pour respirer l'air de la campagne ?

7 – La pollution tu diminueras

L'élevage pollue, c'est un fait : selon l'Organisation des Nations unies pour l'alimentation et l'agriculture (FAO), c'est l'un des premiers responsables des problèmes environnementaux et des émissions de gaz à effet de serre. À cela s'ajoute la pollution des eaux liée aux déchets d'animaux contenant des antibiotiques et des hormones.

Rappelez-vous le phénomène de prolifération des algues vertes en Bretagne, associée à l'augmentation en nitrates des eaux due à l'élevage intensif. Il ne s'agit évidemment pas de démanteler la filière bretonne d'élevage, mais de faire en sorte que chacun, à son niveau, évite de manger au cours d'un même repas du saucisson à l'apéro, du pâté de tête en entrée et un rôti de bœuf en plat principal !

Côté poisson, c'est la même chose ! La surpêche pollue et dégrade les océans. Certaines espèces surexploitées sont en voie de disparition, car elles n'ont pas le temps de se renouveler. L'utilisation de filets de pêche de plus en plus « performants » dégrade les écosystèmes nécessaires au bon équilibre des océans. Et pour répondre au déclin des espèces, l'élevage des poissons et la pisciculture s'intensifient… eux aussi ! Ils ne représentent pas la solution au problème : ces élevages dégradent fortement l'environnement avoisinant, et l'utilisation de produits chimiques et d'antibiotiques pollue l'eau, tout autant que le consommateur !

8 – L'eau de la planète tu économiseras

De ce point de vue, il est plus intéressant de consommer des aliments bio afin de ne pas polluer l'eau par des pesticides ou des engrais utilisés dans l'agriculture intensive traditionnelle.

L'élevage intensif entraîne aussi une utilisation massive des ressources en eau. La fabrication d'un kilo de viande nécessite 13 000 litres d'eau ! Par comparaison, la culture d'un kilo de soja en demande 900 litres. N'est-il pas plus simple de consommer soi-même le soja plutôt que d'en nourrir un bœuf que l'on va ensuite manger ? Et si on arrêtait de jouer aux Shadoks ?

9 – La déforestation tu limiteras

La surconsommation de viande nécessite de développer des terres d'élevage ou de culture des céréales nécessaires à l'alimentation du bétail. Or, la terre n'est pas élastique ! Pour développer les surfaces de terre cultivable, l'homme rase maintenant les forêts, les poumons de notre planète !

10 – Des économies tu feras

Pour finir de vous convaincre, voici un dernier argument qui touche à votre portefeuille… Tout est relatif et dépend du contenu de votre Caddie habituel mais, globalement, se nourrir de façon saine, équilibrée et végétarienne ne se fera pas au détriment d'autres dépenses. Pour preuve, le prix de la viande et du poisson : leur coût augmente de plus en plus, et ces produits commencent à peser lourd dans le budget des ménages. Certaines personnes se tournent donc vers des produits transformés à base de viande, au détriment de leur équilibre alimentaire et de leur santé, car ces préparations sont riches en acides gras saturés (les mauvais) et en sel. Par ailleurs, ils ne procurent que peu de satiété.

Jetez plutôt un coup d'œil aux céréales et légumineuses, ingrédients typiques de l'alimentation végétarienne et équilibrée : leur prix défie toute concurrence ! On en trouve même en conserve, prêts à être consommés ! Autre avantage : leur date de péremption. Vous pouvez stocker des céréales ou des légumineuses pendant plusieurs mois, et donc en acheter en grande quantité pour réduire les coûts. Quant au tofu, au seitan et autres tempehs, décrits dans la partie suivante et excellents substituts à la viande, ils coûtent moins cher au kilo que la viande, comparativement à la quantité nécessaire pour faire une assiette équilibrée.

Par contre, si vous consommez toujours des produits transformés (steaks de soja ou autres), vous verrez le prix de vos courses augmenter ! Il vous sera toujours utile d'avoir dans vos placards un steak de soja lorsque vous serez pressé, mais vous éviterez de faire de ces produits la base de votre alimentation végétarienne. Vous verrez vite qu'en cuisinant un peu, vous réduirez le coût de votre panier. Rendez-vous au chapitre 5 pour découvrir d'excellentes recettes faciles à préparer !

Côté fruits et légumes, eux aussi sont touchés de plein fouet par l'augmentation des prix. Pour réduire les coûts, il est préférable de les consommer de saison ou alors surgelés. N'hésitez pas à rechercher près de chez vous un producteur qui vend « à la ferme », c'est souvent moins cher. Et n'oubliez pas qu'un investissement sur votre santé n'a pas de prix !

Chapitre 2

Manger veggie au quotidien

Stop aux idées reçues sur l'alimentation végétarienne !

Vous voilà bien renseigné sur tous les avantages qu'offre une alimentation végétarienne : santé, bien-être, préservation de l'environnement et protection animale… Mais certaines questions restent en suspens. Comment changer vos habitudes ? Comment faire lorsque vous mangerez au restaurant ? L'être humain étant omnivore, en devenant végétarien, risquez-vous d'être carencé ? Le soja est-il bon pour la santé ? Si vous ne mangez plus de viande, que mangerez-vous alors ? Voici toutes les réponses aux questions que vous vous posez.

En mangeant végétarien, aurai-je des carences en protéines ?

Les protéines occupent un rôle central dans de nombreuses fonctions vitales de l'organisme. Elles participent à la construction et à la réparation de nombreux tissus de l'organisme, dont les muscles, la peau, les cheveux…
Elles participent également aux processus physiologiques de l'organisme en tant qu'enzymes, hormones, transporteurs sanguins, anticorps…
Les acides aminés sont les éléments de base des protéines. Il en existe un grand nombre, mais 20 seulement sont utilisés par notre organisme. Parmi ces 20 acides aminés, 11 peuvent être fabriqués par le corps humain suite à la digestion des protéines que nous mangeons. Les 9 autres ne sont pas synthétisables par l'organisme, ils sont dits « essentiels », et doivent être apportés par l'alimentation.

En résumé

- Le soja et le quinoa contiennent tous les acides aminés essentiels.
- Les protéines des céréales (blé, riz, orge, maïs…) sont insuffisantes quant à l'apport de lysine (l'un des acides aminés essentiels), mais intéressantes pour leur apport en méthionine (un autre acide aminé essentiel).
- Les légumineuses, elles, contiennent des protéines riches en lysine mais pauvres en méthionine.

Il est donc judicieux d'associer céréales et légumineuses au cours d'un repas ou au cours de la journée. Cette association est même ancestrale ! En Inde, on consomme traditionnellement du riz avec des lentilles. Dans les pays du Maghreb, on mélange des pois chiches à la semoule de blé. En Amérique du Sud, on associe les haricots rouges et le maïs. Suivez ces astucieux exemples !

De plus en plus de sportifs de haut niveau deviennent végétariens, et même des triathlètes ! Preuve que ce n'est pas la « quantité » de protéines qui est importante !

L'Agence nationale de sécurité sanitaire de l'alimentation, de l'environnement et du travail (ANSES) estime les besoins en protéines à 0,83 g par kilo et par jour pour un adulte. Ainsi, une personne pesant 70 kg, doit manger 58 g de protéines par jour. Or, une personne consommant deux portions de viande et deux laitages par jour apporte à son corps 80 g de protéines, ce qui est dangereux pour la santé. Troubles rénaux, ostéoporose, calculs rénaux… font partie des risques encourus dans le cadre d'une surconsommation de protéines. Sans oublier l'apport en graisses saturées (les mauvaises) présentes dans ces aliments responsables des maladies cardio-vasculaires.
Vous découvrirez dans le chapitre 3 les meilleurs aliments de la cuisine végétarienne, qui vous permettront d'assurer vos besoins en protéines. Vous verrez même, dans les menus par saison, que certains repas végétariens dépassent les besoins en protéines !

Et les carences en calcium ?

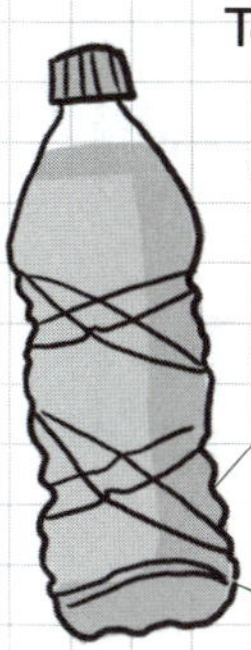

Certaines eaux minérales sont riches en calcium… pensez à varier vos eaux !

Tous les jours, l'organisme perd du calcium, dont la principale réserve se situe dans les os. Avec l'âge, ces pertes peuvent poser problème : ostéoporose, fractures… Ces risques peuvent être minimisés par une bonne hygiène de vie, qui passe, bien sûr, par l'assiette ! On a longtemps pensé qu'il fallait consommer des produits laitiers en grande quantité afin de combler les pertes en calcium de l'organisme. Mais des études nous expliquent dorénavant qu'il ne faut pas tenter de combler les pertes en calcium, mais plutôt les éviter au maximum.

Il a même été démontré qu'une alimentation riche en protéines animales, responsables de l'acidité du sang, entraîne des pertes élevées de calcium, d'où une augmentation des fractures chez les personnes carnivores. A contrario, une alimentation riche en fruits et légumes préviendrait les risques de fractures. L'activité physique permet également de limiter les pertes de calcium.

Le calcium a besoin de la vitamine D pour se fixer aux os. L'organisme est capable de fabriquer cette vitamine D grâce aux rayons du soleil et aux apports alimentaires. Les végétariens trouveront par exemple de la vitamine D dans le beurre, les œufs et les laitages. Les végétaliens, notamment ceux qui vivent dans une région où le soleil se fait rare, devront envisager une supplémentation en période hivernale.

Quid du fer ?

Le fer contenu dans les aliments d'origine animale est mieux absorbé par l'organisme que le fer d'origine végétale. Mais une alimentation végétarienne équilibrée et variée peut facilement satisfaire nos besoins en fer, d'autant qu'elle apporte plus de vitamine C, nécessaire à l'absorption du fer végétal. Quelques aliments riches en fer, comme les graines de courge et de sésame, assaisonneront vos salades ou autres plats, ainsi que le son de blé, qui peut être saupoudré sur vos salades, sur vos crudités ou vos yaourts, ou encore le cacao, le quinoa, l'amarante, les lentilles et les légumes-feuilles (épinards, les bettes...), qui contiennent du fer en bonne proportion.

Le célèbre Popeye ne mangeait pas de steak pour avoir des forces, mais des épinards !

Y a-t-il un risque de carence en vitamine B12 ?

En passant à une alimentation végétarienne, vous entendrez vite parler de cette vitamine B12. Elle est indispensable au fonctionnement du cerveau et à la formation du sang. Une carence en vitamine B12 sur le long terme entraîne des symptômes neurologiques et une anémie.

Pourquoi un risque de carence ? La vitamine B12 est une vitamine que l'on ne trouve QUE dans les aliments d'origine animale. En consommant des œufs et des laitages, vous ne risquez pas de carences. Par contre, les végétaliens, qui ne consomment aucun aliment d'origine animale, doivent nécessairement prendre un complément médicamenteux pour éviter toute carence ou utiliser des produits enrichis en vitamine B12 plusieurs fois par jour (comme certains laits végétaux au soja ou certaines céréales pour le petit déjeuner).

Est-ce que je vais passer beaucoup de temps à cuisiner ?

Si, pour vous, manger est simplement un besoin vital, vous découvrirez dans le chapitre 5 qu'un repas végétarien ne nécessite pas forcément de passer beaucoup de temps en cuisine, il s'agit juste de faire des assemblages astucieux pour équilibrer votre assiette.
Si vous n'avez jamais le temps de cuisiner, vous pourrez facilement manger végétarien et équilibré en consommant des produits préparés : légumineuses en conserve, légumes surgelés et spécialités à base de soja (steak de soja par exemple). Rappelons quand même que manger est un besoin vital, certes, mais c'est aussi un plaisir ! Et la préparation du repas constitue les préliminaires de ce plaisir, tout comme trouver un bon produit, découvrir un nouvel aliment et le cuisiner… Bref, ralentissez le rythme et retrouvez le plaisir de manger ! En mangeant avec plaisir, vous mangerez mieux !

L'inconvénient de l'alimentation végétarienne se trouve peut-être ici : pour être végétarien, il faut être curieux et s'intéresser un minimum à ce que l'on mange. Grâce à ce cahier, vous aurez de très bonnes bases pour commencer facilement !

Tempeh, tofu… ces produits sont-ils difficiles à trouver ?

L'alimentation végétarienne peut s'équilibrer facilement avec des produits que vous trouverez dans votre grande surface habituelle. Les légumes, les fruits, les céréales, les légumineuses, le tofu sont aujourd'hui présents dans tous les magasins. N'hésitez pas à flâner dans les magasins spécialisés, type Biocoop, pour varier au maximum votre alimentation. Vous y trouverez des céréales variées, très intéressantes côté nutrition car elles sont riches en protéines, vitamines, minéraux et fibres. C'est le cas du quinoa, de l'épeautre et du Kamut®, par exemple, qui permettent de manger autre chose que du riz et des pâtes. Vous y trouverez également des substituts à la viande et au poisson, comme le tofu, le seitan, le tempeh… autant d'aliments « de base » de l'alimentation végétarienne que vous apprendrez à préparer grâce aux nombreux menus contenus dans ce cahier.

Comme certains produits de base de l'alimentation végétarienne (céréales, légumineuses, tofu…) se conservent très longtemps, faites des stocks, vous ferez moins souvent les courses !

Comment manger végétarien au restaurant ?

Pour commencer sereinement, faites des choix judicieux lorsque vous mangez à l'extérieur. Certains restaurants de cuisine du monde proposent des plats végétariens. Vous trouverez assez facilement un mezze végétarien dans un restaurant grec, un couscous végétarien dans un

restaurant marocain ou des plats sans viande dans les restaurants indiens. Vous trouverez aussi facilement des menus veggie dans les restaurants japonais. Les pizzas végétariennes commencent même à apparaître sur la carte des pizzerias ! Quant au restaurant de cuisine française, ce sera un peu plus compliqué… au début du moins ! N'hésitez pas à aller dans une crêperie, vous trouverez un choix varié de galettes à base d'œuf et/ou de légumes. Dans les autres restaurants, jetez un coup d'œil aux salades composées, il y a toujours la possibilité de demander une salade sans thon ou lardons. Vous verrez, les restaurateurs ont l'habitude ! Regardez les accompagnements : certains restaurants proposent des légumes, des pâtes, des pommes de terre, des frites avec lesquels on peut facilement composer un plat…
Parmi la carte des entrées, vous trouverez aussi pleins d'aliments veggie à savourer ! Vous pourrez très bien demander plusieurs entrées ou une seule en plus grande quantité afin d'en faire votre plat principal. Enfin, pour les desserts, pas de problème, le choix sera facile… surtout pour les gourmands !

Ici, évidemment, on mange au restaurant… il n'est donc pas vraiment question d'équilibre alimentaire !

Les barbecues sont-ils bannis ?

Non, vous découvrirez plein de recettes délicieuses et faciles à réaliser dans le dernier chapitre de ce cahier. Et pour les fadas des chipolatas, saviez-vous qu'il existe des saucisses végétales ? Goûtez, vous serez sûrement conquis !

Et si j'invite mes amis à dîner ?

Manger végétarien ne fait de mal à personne. Au contraire, relevez le défi en proposant à vos amis une des recettes proposées dans ce cahier, ils seront bluffés ! Ils vont tellement se régaler… qu'ils reviendront souvent vous rendre visite !

Les céréales, je les choisis avec ou sans gluten ?

Le gluten est un ensemble de protéines contenu dans le blé, le seigle, l'orge et l'avoine. Certaines personnes sont intolérantes au gluten et présentent des troubles intestinaux plus ou moins graves lors de l'ingestion d'une de ces céréales. Ces personnes rencontrent donc des difficultés dans leur choix d'aliments, car le gluten se retrouve un peu partout : dans le pain, les viennoiseries, les pâtisseries, les pâtes, la semoule et le boulgour, les produits industriels et même dans certains produits laitiers ! Mais si vous ne présentez pas d'intolérance au gluten, vous pourrez tout à fait consommer ces céréales dans une alimentation végétarienne et équilibrée.

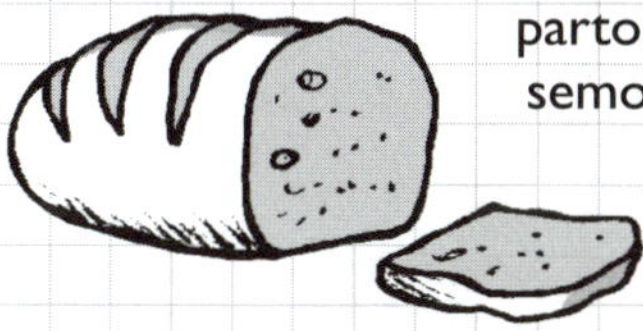

Trop de soja, est-ce néfaste pour ma santé ?

D'abord, rappelons une chose essentielle : l'alimentation végétarienne équilibrée ne tourne pas qu'autour de cet aliment ! Le soja contient des phyto-œstrogènes en très faible quantité qui sont recommandées aux femmes d'âge mûr pour prévenir le cancer du sein et aider à gérer les troubles de la ménopause. Ces œstrogènes auraient un effet néfaste sur la santé uniquement dans le cas d'ingestion très importante de soja, ce qui est peu probable dans le cadre d'une alimentation équilibrée.

Saviez-vous qu'il y a des phyto-œstrogènes dans les cacahuètes ? Ici aussi, les quantités sont très négligeables (hors consommation gargantuesque).

Enfin, sachez que l'on ne mange pas du soja cru… Pour le rendre comestible, les procédés de transformation (broyage, fermentation, cuisson…) font diminuer le taux de substances nuisibles naturellement présentes dans le soja. Conclusion : le soja est un aliment comme les autres… C'est la variété qui compte !

Est ce que je vais manquer d'énergie ?

Vous comprendrez vite (voir p. 33) que vous pouvez subvenir à vos besoins énergétiques quotidiens et à un bon équilibre en protéines en ne mangeant ni viande ni poisson.
On associe souvent force physique et viande… Mais c'est vite oublier nos ancêtres, qui passaient leurs journées dans les champs et ne mangeaient pas de la viande tous les jours ! Lors du prochain repas de famille, demandez donc à vos grands-parents ce qu'ils mangeaient quand ils étaient enfants…
En adoptant une alimentation végétarienne et équilibrée, vous n'aurez pas de baisse de tonus ; au contraire, vous aurez un regain d'énergie et de vitalité ! Suivez l'exemple de ces sportifs de haut niveau qui sont végétariens (il y a même des triathlètes !)…

Et si je craque et que je mange à nouveau de la viande ?

Vous n'êtes pas au régime ! Le but est de retrouver des règles de bon sens et de vous demander pourquoi vous choisissez de manger végétarien…

Si je mange beaucoup de légumes, aurai-je des problèmes de digestion ?

En adoptant une alimentation végétarienne, riche en légumes, fruits, légumineuses et céréales complètes, vous pourrez au début constater des symptômes gastro-intestinaux indésirables liés à un apport de fibres plus important. Pour éviter ce phénomène, vous augmenterez petit à petit les aliments riches en fibres (crudités, légumineuses, céréales complètes…) dans votre alimentation et veillerez également à un apport hydrique suffisant.

En mangeant assis, à heure régulière, dans le calme et en mâchant bien vos aliments, vous aurez moins de problèmes de digestion !

Comment éviter les gaz et ballonnements en consommant des légumes secs ?

Si vous consommiez jusqu'ici peu de céréales complètes ou de légumineuses, votre système digestif vous demandera un certain temps avant de s'habituer à ce nouveau régime… Mais ne baissez pas les bras, les symptômes diminueront avec le temps. En attendant, n'hésitez pas à intégrer des aliments qui réduisent la formation de gaz dans votre alimentation : ail, cumin, gingembre, fenouil, basilic, coriandre, thym, entre autres. Vous pouvez aussi finir votre repas par une tisane contenant ces aliments.

En faisant tremper les légumes secs (et en jetant l'eau de cuisson ensuite) ou en les rinçant bien (s'ils sont en boîte), vous limiterez la formation de gaz. Autre solution : ajoutez du bicarbonate de sodium dans l'eau de cuisson des légumes secs.

Ici aussi, une bonne hygiène comportementale autour du repas vous aidera à digérer, ralentissez le rythme !

Comment diminuer ma consommation de viande ?

Il est préférable de procéder par étapes, sans oublier que le principal est de retrouver des règles de « bon sens ».

Première règle de bon sens : vous n'avez pas besoin de manger de la viande ou du poisson midi et soir ! Vous pouvez donc, dans un premier temps, éliminer viandes et poissons de vos dîners par exemple.

Redevenez un consommateur alerté et non plus soumis... Votre boucher fait la tête car vous lui demandez un steak de 80 g ? C'est son problème, pas le vôtre ! Vous n'allez pas vous forcer à manger 200 g de viande pour lui faire plaisir, n'est-ce pas ?

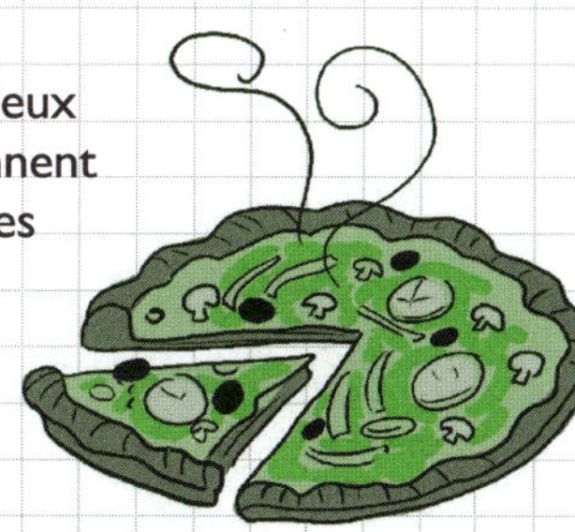

Deuxième règle de bon sens : vous pouvez définir deux ou trois plats qui vous plaisent et les modifier afin qu'ils deviennent végétariens. Rien de plus simple avec une pizza : vous enlèverez les lardons pour les remplacer par des légumes, type artichauts ou poivrons grillés. En concoctant des spaghettis à la bolognaise, vous pouvez facilement remplacer la viande hachée par des protéines de soja, le goût sera inchangé, et l'équilibre nutritionnel respecté.

Pour vos farcis, ne mettez pas de chair à saucisse mais un mélange de céréales et de légumineuses. Pour préparer vos croque-monsieur, n'utilisez pas de jambon mais du fromage de chèvre et des feuilles d'épinard. Vos burgers seront tout aussi réussis avec des steaks de soja. Vous aimez les légumes gratinés à la sauce béchamel ? Ne mangez pas de viande en accompagnement, elle n'est pas nécessaire à l'équilibre de votre repas. Vous préparez une salade composée avec des dés de fromage ? Il n'est pas utile de rajouter du jambon ! Pour réaliser de délicieuses lasagnes, n'utilisez pas de viande mais du seitan mixé ou des protéines de soja ! Vous découvrirez une multitude de recettes sans viande ni poisson dans la dernière partie de ce cahier. Amusez-vous !

Troisième règle de bon sens : redevenez curieux et partez flâner dans les magasins bio ou les rayons spécialisés de votre grande surface, vous découvrirez tout un univers de produits nouveaux.

Pour sortir des pâtes et du riz, optez pour le quinoa, l'épeautre, le millet ou l'amarante. Pour varier vos petits déjeuners, vous trouverez une multitude de céréales, comme les grains de riz soufflés nature ou le quinoa soufflé, mais aussi de nombreuses variétés de flocons, et pas seulement d'avoine : de riz, de châtaigne, de pois chiche, de pois cassé… Saviez-vous aussi qu'il existe du tofu fumé ? Délicieux pour remplacer les lardons et bien meilleur pour la santé !

Pour ne pas être trop vite déboussolé, utilisez de temps en temps des produits qui imitent la viande : saucisses végétales, steak de tofu… vous serez surpris par leur saveur ! Même idée pour le rayon des fruits et des légumes, ne vous limitez pas aux pommes et aux tomates ! Levez le nez de votre Caddie, c'est un rayon qui regorge de produits variés en fonction des saisons !

> Pour commencer, pourquoi ne pas programmer un jour sans viande ni poisson par semaine, à l'image de la campagne « Jeudi veggie », animée par l'Association végétarienne de France ? Elle a déjà conquis le grand public, et même certaines collectivités !

En automne, arrêtez de consommer du melon, ayez plaisir à manger des poires et des quetsches ! En hiver, abandonnez la tomate pour vous tourner vers les cucurbitacées : le potiron, la courge muscade, la butternut… Au printemps, amusez-vous à cuisiner l'asperge et les épinards. Quant à l'été, c'est la saison idéale pour la ratatouille ! En suivant les saisons, vous varierez très naturellement vos aliments et vous garderez donc, tout au long de l'année, le plaisir de manger !

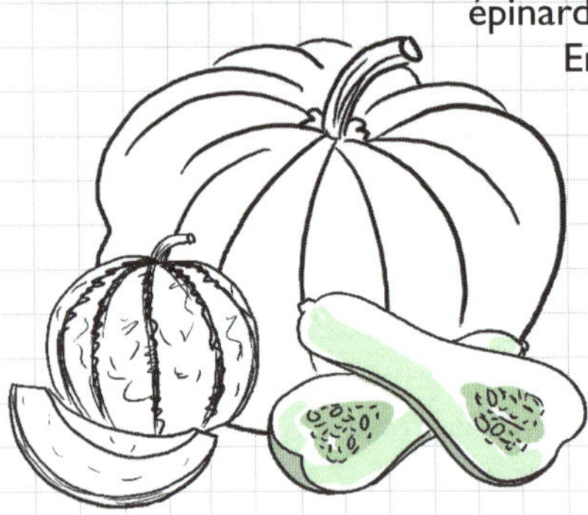

> Personne n'étant parfait, préparez-vous à entendre des moqueries ou à constater parfois une certaine incompréhension de la part de votre entourage… Laissez donc parler les jaloux et prenez plaisir à vos découvertes gustatives !

Chapitre 3

Les meilleurs aliments végétariens

Les légumes

Les légumes sont incontournables dans l'alimentation végétarienne. Riches en eau, en fibres et en vitamines, ils donnent à l'assiette végétarienne du goût, du volume et de la couleur. Le choix est vaste et l'offre du marché se diversifie avec la réintroduction sur les étals des légumes d'autrefois, panais, topinambour, rutabaga, mais aussi toutes les courges : butternut, potimarron, courge spaghetti, pâtisson… Les légumes ont des avantages nutritionnels variés en fonction de leur nature ou de leur couleur. Petit tour d'horizon…

- **La vitamine C,** antioxydant incontournable qui participe à l'absorption du fer et à la lutte contre les infections, est bien représentée dans les choux, les épinards, l'oseille, les poivrons et la carotte.
- **La vitamine A,** indispensable au maintien d'une bonne vision, mais également au bon état de la peau, est présente dans les légumes de couleur jaune ou orange. C'est le cas des carottes et des potirons.
- **La vitamine E,** et son fort pouvoir antioxydant, vous sera apportée par les épinards, le fenouil ou encore le chou.

- La couleur rouge des légumes (tomate, pastèque, pamplemousse) est due au **lycopène,** pigment au fort **pouvoir antioxydant,** qui protège de certains cancers et des maladies cardio-vasculaires.
- Quant aux légumes dits feuilles (salade, épinards…), ce sont les champions de la **vitamine B9,** qui joue un rôle dans la reproduction cellulaire des globules rouges et des cellules nerveuses.

La composition en minéraux (calcium, fer, potassium, magnésium...) des légumes en fait également des aliments nécessaires à l'équilibre de l'alimentation végétarienne. Le persil, le brocoli, les épinards et le cresson sont les légumes les plus riches en calcium. On notera également une forte composition en fer dans le persil et les épinards, mais également dans le gingembre. Quant aux bettes, ce sont les reines du magnésium.

Quelle cuisson privilégier ?

Pour préserver au mieux les avantages nutritionnels des légumes, il est judicieux de les consommer crus. Sinon, la cuisson à la vapeur sera la plus douce. La friture, au contraire, sera la moins recommandée. Si vous les faites cuire à l'eau, veillez à ne pas les faire cuire trop longtemps.

Les céréales

Les céréales sont nécessaires à l'équilibre d'une alimentation végétarienne grâce à leur apport en sucres lents, en fibres, vitamines et minéraux (pour les céréales complètes) et en protéines. Voici quelques exemples de céréales qui vous changeront des pâtes et du riz !

Le quinoa... le roi du végétarisme !

C'est une céréale ancestrale puisque les Incas la cultivaient déjà. Sa qualité première est sa forte composition en protéines (15 %). Ces dernières sont d'excellente qualité puisqu'elles sont bien équilibrées en acides aminés essentiels. Il n'est donc pas nécessaire de l'associer à une légumineuse pour équilibrer votre repas. Autre intérêt notable, sa composition en fibres, fer, magnésium et potassium, supérieure à celle des autres céréales. Et pour sa préparation, rien de plus simple puisque le quinoa se cuit comme des pâtes : 10 minutes dans l'eau bouillante.

À titre de comparaison, le steak haché de bœuf contient 15 % de protéines, et le saumon 19 %.

Le Kamut® (ou blé de Khorasan), l'ancêtre du blé

Il contient 17 % de protéines, ce qui en fait une céréale intéressante, bien plus riche en protéines que le blé (12 %). Il renferme également plus d'acides aminés essentiels, de sélénium, de magnésium et de potassium.

Le grain de blé de Khorasan nécessite un trempage avant consommation. Pour plus de facilité, vous le trouverez en boulgour, en semoule ou en pâtes. Ici aussi, il suffit de cuire les grains 10 minutes dans l'eau bouillante.

L'épeautre… Dans la famille du blé, je demande le grand frère !

Il est plus intéressant sur le plan nutritionnel que le blé en raison de sa forte teneur en magnésium, en zinc, en fer et de son meilleur apport en lysine (acide aminé essentiel). Réhabilitez l'épeautre et mangez-en régulièrement ! Il est vrai que son temps de cuisson est plus long : 30 minutes… Mais vous pouvez le réduire en faisant tremper préalablement les graines pendant plusieurs heures !

> Pour les connaisseurs, l'épeautre était largement promu par Hildegarde de Bingen, célèbre médecin du XIIe siècle, qui en faisait la reine des céréales.

L'amarante, l'autre trésor d'Amérique du Sud…

L'amarante contient 14 % de protéines d'excellente qualité (riche en lysine, acide aminé essentiel faiblement représenté dans les protéines des céréales). Sa teneur en fer en fait également un atout de l'alimentation végétarienne équilibrée. Et pour les personnes intolérantes, elle ne contient pas de gluten ! Comptez 20 minutes de cuisson à l'eau bouillante.

> Le saviez-vous ? Grâce à sa petite taille et à sa valeur nutritive élevée, l'amarante fait partie des menus des astronautes !

Le riz, le dernier de la classe !

Comparé aux autres céréales, le riz fait office de cancre puisqu'il ne contient que 7 % de protéines et est pauvre en lysine. Mais il a d'autres intérêts : une forte teneur en sucres lents et en fibres. Pour cela, choisissez-le complet !

Le blé et ses dérivés

On le trouve partout : dans le pain, les pâtes, la semoule, le boulgour… En termes de protéines, il est dans la moyenne, avec une teneur de 12 %. On rappellera cependant sa teneur limitée en lysine (acide aminé essentiel). Il est donc nécessaire de l'associer à une légumineuse, à du quinoa ou à de l'amarante au cours du repas ou dans la journée pour manger de façon équilibrée.

> Les pâtes blanches, c'est bien, mais les pâtes complètes, c'est beaucoup mieux ! Elles contiennent beaucoup plus de vitamines, de minéraux et de fibres !

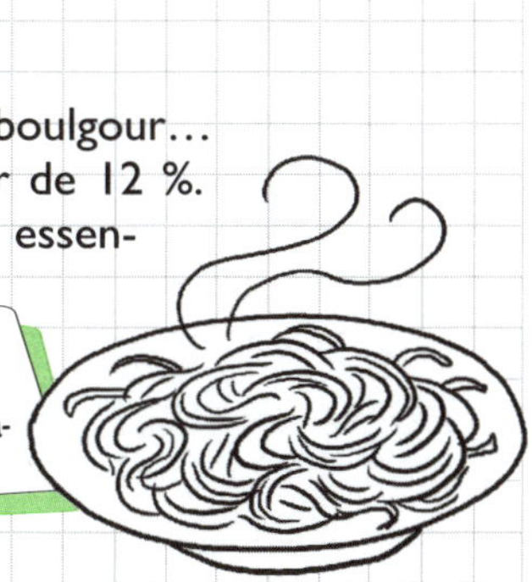

Le fonio... la plus africaine des céréales !

En flânant dans votre Biocoop, vous tomberez sur du fonio, une céréale très utilisée en Afrique dans les bouillies, le couscous ou encore la fabrication de pain. Elle contient peu de protéines (10 %) et est limitée en lysine. Il est donc intéressant de l'associer à une légumineuse. Le fonio, ayant la même texture après cuisson que la semoule de blé, vous pouvez facilement le consommer en taboulé, en accompagnement d'un tajine de légumes ou mélangé à des fruits secs, façon couscous de légumes, et même en dessert. Il a l'avantage d'être bien plus riches en fibres que la semoule de blé et ne contient pas de gluten. Comme la plupart des céréales, son goût est assez neutre. Il ne faut donc pas le manger tel quel mais toujours le mélanger, à des légumes par exemple. Le fonio se cuit 7 minutes après ébullition, en commençant à l'eau froide.

Le doux maïs

Il se présente sous forme d'épis, de grains, de semoule (la fameuse polenta) et de pétales pour le petit déjeuner. Il n'est pas très riche en protéines (9 %) et nécessite d'être complété par une légumineuse, car ses protéines sont carencées en lysine.

Le sarrasin, ou blé noir

Les pâtes Crozets, spécialité de la Savoie, sont fabriquées avec du sarrasin.

Il contient 11 % de protéines. Il est riche en magnésium et ne contient pas de gluten. Il a une teneur satisfaisante en acides aminés essentiels et ne demande pas de complémentation par une légumineuse. Il se présente sous forme de grains ou de farine. Sa cuisson ? Quinze minutes dans l'eau bouillante.

L'avoine, oui... pour varier les p'tits déj' !

Dans l'alimentation végétarienne, l'avoine sera intéressante sous forme de flocons pour varier vos petits déjeuners. Comme la plupart des céréales, sa composition est limitée en lysine. Vous trouverez aussi facilement du son d'avoine (l'enveloppe de la graine), utilisé pour son apport en fibres... Mais il n'est pas très utile à une alimentation végétarienne qui en contient déjà suffisamment.

Le millet… pour la variété !

Céréale sans gluten, le millet permettra de varier vos assiettes. Il contient 12 % de protéines, mais ces dernières sont très carencées en lysine. Il est donc indispensable d'associer le millet à une légumineuse ou à une céréale riche en lysine, type quinoa ou amarante. Le millet se trouve sous forme de grains, de flocons ou en farine. Les grains se présentent sous forme de petites boules et se cuisent 15 minutes dans l'eau bouillante.
Les flocons permettront de varier les porridges de vos petits déjeuners ; quant à la farine, elle remplacera aisément la farine de blé pour la réalisation de votre pain ou de vos gâteaux.

Les légumineuses

Les légumes secs, ou légumineuses, sont des aliments phares de la cuisine végétarienne. Ils sont riches en sucres lents, en fibres, en protéines (20 à 25 %) et en nutriments (fer, calcium et potassium). Leurs protéines sont riches en lysine mais pauvres en méthionine (un acide aminé essentiel) ; les légumineuses servies en association avec des céréales permettent ainsi d'éviter toute carence.

> L'association légumineuses et céréales peut se faire au cours du même repas, mais sera également bénéfique au cours d'une même journée.

Vos longues années de cantine vous ont dégouté des lentilles ? Pas de panique, le choix des légumineuses est vaste ! En voici quelques exemples : toute la famille des haricots (blancs, rouges mais aussi noirs), le haricot azuki, les fèves, les pois (petits pois, pois cassés verts, pois cassés jaunes, pois chiches), les édamanes… Et pourquoi ne pas essayer les lentilles corail ? Ou la béluga ? Elle porte même le nom d'un caviar ! En pratique, les légumineuses se trouvent facilement dans tous les magasins. Vous trouverez les plus exotiques dans les magasins bio.

Côté préparation, les légumineuses de petite taille, type lentilles, peuvent se cuire directement dans l'eau. Les plus grosses doivent germer avant cuisson : vous les placerez dans un grand volume d'eau et les laisserez tremper 12 heures dans un coin de votre cuisine. Le temps de cuisson des légumineuses peut être long (40 voire 60 minutes !), aussi n'hésitez pas à en faire cuire une grande quantité : elles se conservent 5 jours au réfrigérateur. Vous pouvez même les congeler une fois cuites !
Vous pourrez ainsi facilement transformer le petit salé aux lentilles en un plat veggie grâce au seitan ou au tofu fumé. Vous trouverez dans ce cahier une multitude de recettes végétariennes et équilibrées à base de légumes secs : soupe de lentilles corail, jardinière de légumes, chili con carne (sans carne) ou encore lentilles associées au riz, comme dans le dal, plat typique indien… Vous verrez également que leur texture farineuse permet de les intégrer à la préparation de délicieux steaks végétaux !

> La cuisson en cocotte-minute permet de réduire de moitié le temps de cuisson, mais ne dispense pas de la phase de trempage !

Les fruits

Les fruits représentent la touche fraîcheur, sucrée et pleine de vitamines de l'alimentation végétarienne ! Ils ont également l'avantage de participer à la prévention de nombreuses maladies (cancer, obésité, maladies cardio-vasculaires…) grâce à leur apport en fibres et en antioxydants.

Pour un équilibre alimentaire optimal, privilégiez les fruits frais et de saison. Évitez les fruits en conserve. Les fruits congelés restent une alternative pratique hors saison. Pour réduire l'impact du transport sur l'environnement, consommez des fruits qui viennent de votre région. Quant aux fruits séchés, ils ont perdu une bonne partie de leurs vitamines et sont très concentrés en sucre… à consommer avec modération !

Rappelez-vous le dicton de nos grands-mères : « Une pomme chaque matin éloigne le médecin ! »

Les oléagineux

Les oléagineux existent aussi en purée (purée d'amandes, de sésame…), de quoi changer du beurre sur les tartines de pain le matin !

Ce sont des fruits riches en graisses et pauvres en eau. Certains servent à la fabrication d'huile. Il y a la noix, la noisette, l'amande, la noix de cajou, la noix du brésil, la noix de pécan… et les graines : les pignons de pin, les pistaches, les graines de tournesol, de courge, de sésame, de lin… Le choix est vaste ! Les oléagineux sont intéressants pour l'équilibre de l'assiette végétarienne car ils apportent du bon gras (dont des oméga 3 et 6), des protéines (20 % en moyenne), des vitamines et des minéraux.

Les oléagineux ne sont pas à consommer « à volonté » du fait de leur teneur en graisses : 60 % en moyenne. Ceux qui grignotent à longueur de journée des fruits secs et des oléagineux en pensant faire du bien à leur corps augmentent surtout leur ration journalière en sucres et en graisses. Sur le plan nutritionnel, il est plus intéressant de les ajouter avec parcimonie à vos assiettes !

Épices et herbes aromatiques

Maintenant que vous mettez de la variété et de la couleur dans votre assiette végétarienne, mettez-y du goût !

Côté herbes, vous pouvez agrémenter vos assiettes avec de l'aneth, du persil, de la ciboulette, du cerfeuil, de la coriandre, de l'estragon, de la marjolaine… Certaines plantes aromatiques sont même intéressantes pour leur apport nutritionnel. Le persil, par exemple, est riche en fer et en vitamine C. Celle-ci aide à l'absorption du fer d'origine végétale, il sera donc intéressant d'agrémenter vos salades et vos crudités de brins de persil.

Les épices permettront de donner du goût à vos assiettes en y ajoutant également un atout santé. Vous ajouterez du paprika, du curry, du curcuma, de l'anis, de la cannelle, du safran, de la muscade, des piments dans tous vos plats…

Autre avantage santé des épices et des herbes aromatiques : elles ne contiennent pas de sel, et leur goût permet de limiter l'apport de sel dans vos plats !

Le soja

Le soja est intéressant dans l'alimentation végétarienne pour son apport en protéines et en acides aminés essentiels. Il se présente sous de nombreuses formes. Vous les trouverez facilement dans les grandes surfaces ou les Biocoop. Et si vous êtes perdu entre le tofu, le tofu soyeux, le tempeh, le miso, etc., suivez le guide !

Le lait de soja (ou tonyu)

Il est obtenu après trempage, broyage et cuisson des graines de soja avec de l'eau. Il n'a du lait que l'appellation et la couleur. Au niveau nutritionnel, à part sa teneur en protéines, le lait de soja est différent du lait de vache ou de chèvre. Certains laits de soja sont enrichis en calcium et en vitamine D.

Le tofu

Il s'agit d'une pâte blanche, de consistance ferme, obtenue en faisant coaguler du lait de soja avec un sel marin concentré en chlorure de magnésium, le nigari et/ou un acide (jus de citron ou vinaigre). Il existe différents tofus : nature, aromatisé aux herbes, fumé…

Le tofu soyeux

C'est simplement du tofu peu égoutté. Sa texture se rapproche de celle du yaourt. En cuisine, il remplace la crème fraîche ou le fromage blanc dans de nombreuses recettes.

La farine de soja

Elle s'obtient par mouture des graines de soja et est préconisée aux intolérants au gluten. Sa teneur en protéines en fait l'une des farines les plus intéressantes dans une alimentation végétarienne équilibrée.

Les protéines de soja

Elles se présentent sous forme de boulettes séchées et sont fabriquées à partir de farine de soja. Elles doivent être réhydratées avec de l'eau chaude pendant 5 minutes avant d'être consommées en remplacement de la viande dans les gratins, les bolognaises, les tajines, les légumes farcis, les lasagnes, le hachis Parmentier…

Le tempeh

Voilà une spécialité à base de purée de soja d'origine indonésienne. Ici, le soja est cuit, broyé puis fermenté avec un champignon. Le tempeh se cuisine comme du tofu et contient 19 % de protéines. Il se présente sous la forme d'un bloc, que vous pouvez découper en petits morceaux ou en tranches pour les faire sauter à la poêle, les cuisiner en sauce ou pour équilibrer vos soupes.

Le miso

C'est une pâte obtenue par fermentation des graines de soja avec du malt de riz ou d'orge. En cuisine, il s'emploie comme aromate et remplace le sel dans la cuisine quotidienne car il a un goût salé très prononcé. Il contient des enzymes qui aident à la digestion et est utilisé au Japon comme remède à de nombreuses maladies. Les Japonais le consomment même au petit déjeuner en soupe (la fameuse soupe miso)…

La sauce soja

Elle s'obtient par fermentation des grains de soja et de blé. Son utilisation doit se faire avec modération compte tenu de son fort goût de sel. C'est un assaisonnement qui n'a pas d'intérêt nutritionnel particulier, mis à part le côté gustatif. Il existe le shoyu et le tamari. Ce dernier est préparé à l'ancienne, sans céréales. Il ne contient donc pas de gluten.

La crème de soja

Matière grasse végétale fabriquée à partir de lait de soja, d'huile et d'épaississants naturels, la crème de soja a la même utilité culinaire que la crème fraîche. Son goût assez neutre vous permettra de l'utiliser dans la recette de vos gratins mais aussi dans vos lasagnes, vos champignons à la crème, vos quiches aux légumes…

Chapitre 4

Comment manger équilibré ?

Notre corps dépense de l'énergie tout au long de la journée, et même la nuit. Pour recharger nos batteries, il faut manger. **Manger, oui, mais pas n'importe quoi, ni n'importe quand !**

Manger équilibré, c'est...

- Apporter les éléments nécessaires au fonctionnement de notre organisme : les **vitamines** (A, C, D, E…), les **minéraux** (fer, calcium, magnésium…), les **acides gras essentiels** (oméga 3 et 6)…
- Apporter l'énergie nécessaire à notre organisme avec l'ingestion de calories (obtenues par la digestion des protéines, des lipides, ou graisses, et des glucides, ou sucres).

Pour qu'un repas soit équilibré, ces calories doivent se répartir de la façon suivante :

12 à 14 % sous forme de **protéines**,
30 à 35 % sous forme de **lipides**,
51 à 58 % sous forme de **glucides**.

Manger équilibré, c'est aussi adopter une bonne hygiène comportementale lors des repas. Veillez donc à manger lentement et dans le calme pour une meilleure digestion et une meilleure assimilation des nutriments contenus dans les aliments. Évitez de boire pendant les repas pour ne pas diluer les sucs gastriques et gêner la digestion. Pensez à varier au maximum votre alimentation, seule garantie d'un bon apport nutritionnel. Enfin, vos apports nutritionnels journaliers doivent être répartis sur trois repas : un petit déjeuner, un déjeuner et un dîner.

Une alimentation végétarienne est tout à fait compatible avec ces préceptes de l'équilibre alimentaire. Pour équilibrer vos repas, je vous donne tout au long de ce chapitre quelques pistes à suivre…

Mon petit déjeuner végétarien équilibré

Le petit déjeuner doit couvrir 25 % des apports énergétiques de la journée. L'équilibre du petit déjeuner s'articule autour de 5 éléments nécessaires : de l'eau, des sucres lents, des matières grasses, des protéines, et les fibres et vitamines apportées par un fruit.

L'apport hydrique

Choisissez par exemple de l'eau, du thé, des tisanes, du café, de la chicorée… Oubliez les succédanés du sucre ! Préférez le VRAI sucre dans votre boisson… quitte à en diminuer l'apport pour les « addicts » au café sucré.

Essayez d'autres sucres que le sucre blanc raffiné ! Justement non raffinés, ces sucres ont conservé la totalité de leur apport nutritionnel. Exemple : **le sucre rapadura,** ou sucre de canne complet, n'a subi aucune transformation et conserve toutes ses vitamines et minéraux.
Le sirop d'agave, bon substitut au miel pour les végétaliens, contient naturellement du fer et du potassium. Il est également intéressant pour son faible index glycémique malgré son fort pouvoir sucrant.
Le sirop d'érable contient, quant à lui, des antioxydants.

Les sucres lents

On distingue deux types de glucides (ou sucres) : les sucres rapides et les sucres lents. Ces derniers sont absorbés progressivement par l'intestin et apportent donc de l'énergie sur un laps de temps plus long. C'est une notion à corréler avec l'index glycémique des aliments, qui est la réponse insulinique à l'absorption d'un aliment. Plus la réponse est faible, plus l'aliment vous apportera de l'énergie sur le long terme. Vous trouverez les sucres lents nécessaires à l'équilibre de votre petit déjeuner dans le pain et les céréales.

Les pains industriels (pain de mie, pain brioché…) contiennent du gras, sont souvent dépourvus de fibres et présentent des glucides à index glycémique sans intérêt. Passez votre chemin !

Le pain blanc n'est pas très digeste et reste pauvre en fibres, vitamines et minéraux. Préférez les pains complets, les pains aux céréales, les pains de seigle, les pains de son…

Même conseil pour les céréales : préférez les céréales complètes. Et prenez garde aux céréales pour petit déjeuner, elles sont trop sucrées. Choisissez les plus « nature » possible. Vous pourrez les agrémenter avec des morceaux de fruits frais, des noisettes, noix ou pignons de pin… pour un petit déjeuner plus équilibré, plus nutritif, moins cher et bien meilleur !

Une matière grasse pour l'apport de lipides (ou graisses)

Pour équilibrer votre petit déjeuner, il vous faut un apport de lipides (graisses). Ces lipides sont constitués de chaînes d'acides gras. Certains acides gras ne peuvent être fabriqués par l'organisme alors qu'ils sont indispensables, ils sont dits « essentiels ».

D'autres acides gras sont néfastes pour la santé sur le plan cardio-vasculaire, il s'agit des acides gras saturés, très présents dans les graisses animales, et des acides gras trans, obtenus par les procédés de fabrication de produits industriels (frites, chips, viennoiseries industrielles).
Vous aurez tous les lipides nécessaires à l'équilibre de votre petit déjeuner en tartinant votre pain avec du beurre, de la margarine ou d'autres graisses végétales, comme les beurres d'amande, d'arachide ou le tahin, ou encore en croquant des oléagineux. Petit tour d'horizon des matières grasses pour le petit déjeuner…

Le beurre est fabriqué à partir de la crème du lait, il s'agit donc d'un aliment d'origine animale. La margarine est obtenue par émulsion d'eau et d'huiles végétales. En choisissant de consommer de la margarine plutôt que du beurre, vous limitez l'utilisation de produits animaux. Mais, certaines margarines intègrent dans leur processus de fabrication du lait (babeurre ou poudre de babeurre), de la matière grasse lactique ou des produits laitiers. Pour une margarine 100 % végétalienne, pensez à décrypter les étiquettes !

Beurre ou margarine ?

La quantité de graisses contenue dans le beurre et la margarine est quasiment identique : environ 80 % de lipides (même s'il existe des produits allégés sans grand intérêt par rapport à la quantité consommée). C'est dans la qualité de ces graisses que l'on peut noter une différence. Le beurre ayant pour origine une graisse animale, il est composé d'acides gras saturés et de cholestérol, qui favorisent les maladies cardio-vasculaires. Les puristes diront que le beurre est meilleur, les pressés du matin diront que la margarine est plus facile à tartiner… À vous de choisir !

Et pourquoi ne pas essayer d'autres graisses végétales à tartiner ?

Ces graisses végétales à tartiner sont fabriquées à partir de fruits oléagineux (amandes, noisettes, cajou…). Elles ont l'avantage de ne contenir que la noix sélectionnée, elles ne sont donc pas surchargées en sel, en sucre ou en huile hydrogénée apportant des acides gras trans néfastes pour la santé.

Vous trouverez facilement du beurre d'arachide (50 % de lipides), si cher aux Américains ! Il est fabriqué à partir de cacahuètes. Mais gare aux allergies !

Il existe aussi le beurre d'amande (60 % de lipides) : les plus courageux pourront très facilement le fabriquer eux-mêmes !

Autre beurre à tartiner : le beurre de noix de cajou (67 % de lipides). Vous connaissez déjà le tahin, fabriqué à partir de sésame (54 % de lipides) ; il se consomme aussi au petit déjeuner.

La crème de marrons ou de châtaignes, compte tenu de ses 60 % de sucres, est davantage un produit sucré qu'une matière grasse. Idem pour la confiture et le miel. Ces aliments sucrés dépourvus de lipides, ne permettront pas d'équilibrer votre petit déjeuner, gardez-les pour certaines occasions, en guise de calories plaisirs !

Enfin, vous pouvez utiliser de la margarine de soja, qui contient 75 % de lipides.

Et la pâte à tartiner au chocolat ? Elle contient en moyenne 30 % de lipides et 50 % de glucides. Elle apporte donc des lipides, mais surtout des sucres. À utiliser avec modération, en choisissant des pâtes à tartiner sans huile de palme de préférence !

Les oléagineux

Il s'agit des noix, noisettes, amandes, noix de cajou, pignons de pin… En mélangeant ces oléagineux à vos céréales du petit déjeuner, vous apporterez les lipides nécessaires à l'équilibre de ce repas.

Un apport de protéines

Pour l'équilibre du petit déjeuner et pour permettre la satiété, il est nécessaire d'avoir un apport de protéines lors de ce repas.

Vous trouverez des protéines dans **les laitages** : lait, yaourt, fromage blanc, petits-suisses et fromages de toutes sortes. Choisissez les laitages les plus nature possible afin de ne pas surcharger votre ration en sucres rapides. Vous aurez un meilleur équilibre et un meilleur apport nutritif en sucrant

vous-même votre laitage avec des morceaux de fruits, du miel ou du sucre roux, entre autres.

Les œufs peuvent également être intéressants pour l'équilibre du petit déjeuner.

Et pour des petits déjeuners végétaliens, vous pouvez trouver des protéines dans **le lait de soja** ou les laitages au soja. Certains sont intéressants car enrichis en calcium, en vitamine D et en vitamine B12. Préférez également les produits nature, moins riches en sucres.

Un fruit

Sous toutes ses formes ! À croquer ou à savourer en compote ou en jus, les fruits permettent de compléter l'apport hydrique de votre petit déjeuner. Leur teneur en fibres et en vitamines les rendent indispensables à votre équilibre alimentaire.

Petit bémol : compte tenu de leur concentration en sucre (parfois 20 % !), les fruits ne sont pas à consommer à volonté ! Idem pour les compotes et les jus de fruits… Si vous choisissez des produits du commerce, comparez les valeurs nutritionnelles afin de choisir le meilleur rapport qualité/prix/teneur en sucre.

Et n'oubliez pas : le maître mot de l'équilibre alimentaire est la VARIÉTÉ ! Donc, pour un équilibre alimentaire optimal, pensez à varier vos petits déjeuners !

Mes déjeuners et dîners végétariens équilibrés

Afin d'équilibrer vos déjeuners et dîners végétariens, ces deux repas doivent contenir **chacun 5 éléments**. Suivez le guide !

Des légumes

Riches en eau, en fibres et en vitamines, les légumes sont des aliments indispensables pour équilibrer chaque repas.

Il est nécessaire de privilégier les légumes de saison pour un apport optimal de leurs nutriments. Sans compter que, pour faire pousser une tomate au mois de décembre, il faut des conditions artificielles dévoreuses d'énergie et donc polluantes !

En dehors de la saison ou pour une logistique facile, n'hésitez pas à utiliser les légumes surgelés, ils ont gardé tout leur intérêt nutritionnel grâce aux techniques de surgélation actuelle. Et en conserve ? Moins intéressants, les légumes en boîte ont perdu une bonne partie de leurs vitamines. Ils sont également surchargés en sel et en sucre.

Méfiez-vous des légumes cuisinés industriels. Ils ont perdu leurs vitamines et ces plats contiennent du sel et des graisses ajoutées.

Soyez attentifs à la provenance de vos légumes. Compte tenu de l'impact du transport des produits sur l'environnement, est-ce vraiment utile de manger des asperges provenant des Philippines ou des haricots verts du Kenya ? Pour être au top, devenez locavore et adhérez à une AMAP (Association pour le maintien d'une agriculture paysanne, www.reseau-amap.org), vous serez en lien direct avec le producteur de vos légumes !

Une matière grasse

Afin d'équilibrer vos déjeuners et vos dîners, vous devez rajouter une matière grasse à votre repas. Le choix est large : beurre, huile, crème fraîche, crème de soja, lait de coco, mayonnaise, margarines végétales…

Quelle huile choisir ?
Les huiles contiennent toutes 100 % de lipides, il n'y a donc pas d'huile plus légère qu'une autre (excepté l'huile de paraffine, qui n'est pas absorbée par l'organisme mais qui ne présente aucun intérêt nutritionnel). La différence entre les huiles se fait en fonction de leur composition en acides gras. Ainsi, l'huile d'olive, aliment du régime crétois, est composée à 80 % d'acides gras mono-insaturés qui ont un rôle actif dans la diminution du mauvais cholestérol et qui favorisent le bon ! L'huile de tournesol est composée à 66 % d'acide gras essentiel oméga 6. Quant à l'huile de colza, moins onéreuse que l'huile de noix pour un intérêt nutritionnel identique, elle contient 58 % d'acides gras essentiels oméga 3. Il ne faut donc pas choisir UNE huile, mais toujours varier les huiles de consommation !

Pour une alimentation végétalienne et pour une meilleure prévention des maladies cardio-vasculaires, préférez les matières grasses végétales type huile, lait de coco, crème de soja ou encore crème de riz, elles ne contiennent pas de cholestérol.

Attention, l'huile de palme contient 50 % d'acides gras saturés, ce qui en fait une huile dangereuse sur le plan cardio-vasculaire.

Une source de protéines

Une alimentation végétarienne permet de couvrir les besoins en protéines en quantité ET en qualité. Voici quelques pistes de sources de protéines pour équilibrer parfaitement vos repas végétariens…

→ **Les œufs** contiennent 12 % de protéines, qui sont considérées comme des protéines de référence de haute qualité car elles contiennent les 9 acides aminés essentiels à l'organisme. Durs, à la coque, en omelette, pochés, mollés, au plat, vous dégusterez les œufs sous toutes leurs formes !

Les œufs contiennent beaucoup de cholestérol, il ne s'agit donc pas d'en manger une douzaine dans la semaine ! Si vous avez notamment un terrain génétique propice au cholestérol, limitez votre apport à 4 œufs par semaine au maximum.

→ **Le soja** est également intéressant pour sa teneur en acides aminés essentiels. Pour plus de fun dans l'assiette, variez les formes de soja : steak de soja, protéines de soja, tofu, tempeh…

Petit rappel, un pavé de saumon contient 19 % de protéines en moyenne…

→ **Le seitan,** fabriqué à partir des protéines du blé, contient 19 % de protéines. Il remplace facilement la viande, d'autant qu'il en a l'aspect. Il se prépare simplement grillé. Mixé, il remplacera la viande hachée dans les préparations type spaghettis bolognaise, lasagnes, hachis Parmentier… Vous le trouverez assez facilement en magasin bio, sous différentes formes. Comme son coût est élevé, il sera judicieux, dans un second temps, de confectionner votre propre seitan avec du gluten de blé.

Le seitan étant préparé à partir de poudre de gluten de blé, les intolérants au gluten devront s'abstenir.

→ **Le fromage et les laitages**

Le fromage est composé à 22 % (en moyenne) de protéines. Il est assez fréquent qu'une personne qui arrête de manger de la viande se rabatte sur le fromage. C'est sans compter sur les 25 à 30 % de lipides contenus dans le fromage (c'est-à-dire les graisses, dont la moitié d'acides gras saturés, les mauvais) !

Quant aux laitages, ils sont moins gras, mais sont moins riches en protéines… Encore une fois : veillez à VARIER le plus possible vos sources de protéines ! Vous découvrirez dans les menus à la fin du cahier qu'un laitage, type yaourt, fromage blanc ou encore petit-

suisse, suffit à équilibrer un repas comprenant une céréale riche en protéines (quinoa, épeautre…) ou une légumineuse. Par contre, un morceau de fromage permettra de compléter l'apport en protéines d'un repas à base d'une céréale pauvre en protéines, type blé ou riz.

> Les fromages à pâte dure de vache (emmental, cheddar, comté, édam, gouda…), tout comme les fromages de brebis, sont les plus riches en protéines et en calcium, la palme d'or revenant au parmesan. Les fromages à pâte molle (camembert, brie…), à pâte persillée (bleu, roquefort…), ainsi que les fromages de chèvre sont beaucoup moins intéressants sur le plan nutritif. Variez vos fromages !

Les légumes secs (ou légumineuses)

Lentilles, pois chiches, fèves, petits pois, haricots rouges… le choix est vaste !
En termes de quantité de protéines, les légumes secs assurent ! Voyez plutôt : 150 g de légumes secs cuits vous apporteront autant de protéines que 2 œufs ! Seul petit bémol : la composition en acides aminés essentiels des protéines contenues dans les légumes secs. Leurs protéines contiennent peu de méthionine, un des acides aminés essentiels. À l'inverse, les protéines des légumes secs contiennent une quantité intéressante en lysine, un autre acide aminé essentiel. Les céréales, quant à elles, sont riches en méthionine mais pauvres en lysine. Il est donc judicieux, lorsque vous utilisez des légumes secs comme source de protéines pour un repas, de compléter l'équilibre par une céréale.

Des sucres lents

> Pour un meilleur apport nutritif, privilégiez les céréales complètes.

Un repas équilibré doit être composé d'aliments contenant des sucres lents.
Il faut donc consommer à chaque repas du pain OU des céréales OU des pommes de terre. Les légumes secs peuvent également faire office de sucres lents dans votre repas.

Des fruits, le dessert par excellence !

> Petit rappel : compte tenu de leur teneur en sucre, les fruits ne sont pas à consommer à volonté.

Les fruits sont indispensables à l'équilibre du repas.
Ils apportent de l'eau, des fibres et des vitamines. Et c'est dans nos bonnes habitudes de finir le repas par une touche sucrée ! Pour éviter la lassitude, suivez les saisons et variez les préparations : fruits à croquer ou en salade, fruits pochés ou en compote, fruits mixés dans un yaourt, jus de fruits ou smoothies…

> Comme pour vos légumes, pensez « locavore » aussi pour le choix de vos fruits !

Mes besoins nutritionnels personnalisés

Afin de connaître vos besoins nutritionnels personnalisés, répondez aux questions suivantes et reportez-vous au profil ainsi défini.

Vous êtes…

Une femme (1 point)
Un homme (4 point)

Quelle est votre taille ?

Moins de 1,59 m (1 point)
Entre 1,60 m et 1,75 m (2 points)
Plus de 1,76 m (3 points)

Quel est votre âge ?

Entre 18 et 25 ans (4 points)
Entre 26 et 38 ans (3 points)
Entre 39 et 50 ans (2 points)
Plus de 51 ans (1 point)

Vous pratiquez une activité physique…

Tous les jours (4 points)
Une fois par semaine (2 points)
Rarement (1 point)

Vous allez travailler…

En voiture (1 point)
En transports en commun (2 points)
À pied ou à vélo (3 points)

Réponses : additionnez le nombre de points et définissez votre profil !

Vous avez entre 5 et 6 points, suivez le profil 1.
Vous avez entre 7 et 9 points, suivez le profil 2.
Vous avez entre 10 et 11 points, suivez le profil 3.
Vous avez entre 12 et 14 points, suivez le profil 4.
Vous avez entre 14 et 16 points, suivez le profil 5.
Vous avez plus de 16 points, suivez le profil 6.

Le petit déjeuner

	Profil 1	Profil 2	Profil 3	Profil 4	Profil 5	Profil 6
Apport hydrique	Thé, café, eau… à volonté !	Thé, café, eau… à volonté !	Thé, café, eau… à volonté !	Thé, café, eau… à volonté !	Thé, café, eau… à volonté !	Thé, café, eau… à volonté !
Sucres lents	65 g de pain ou 40 g de céréales	75 g de pain ou 50 g de céréales	80 g de pain ou 55 g de céréales	95 g de pain ou 65 g de céréales	110 g de pain ou 75 g de céréales	130 g de pain ou 85 g de céréales
Matières grasses	10 g de beurre ou margarine ou 15 g d'oléagineux	15 g de beurre ou margarine ou 25 g d'oléagineux	15 g de beurre ou margarine ou 25 g d'oléagineux	15 g de beurre ou margarine ou 25 g d'oléagineux	20 g de beurre ou margarine ou 30 g d'oléagineux	20 g de beurre ou margarine ou 30 g d'oléagineux
Protéines	1 œuf ou 1 laitage ou 20 g de fromage	1 œuf ou 1 laitage ou 20 g de fromage	1 œuf ou 1 laitage ou 20 g de fromage	1 œuf ou 1 laitage ou 30 g de fromage	1 œuf ou 1 laitage ou 30 g de fromage	2 œufs, 2 laitages ou 40 g de fromage
Fruit	1 fruit ou un petit verre de jus de fruits	1 fruit ou un petit verre de jus de fruits	1 fruit ou un petit verre de jus de fruits	1 fruit ou un petit verre de jus de fruits	1 fruit ou un petit verre de jus de fruits	1 fruit ou un petit verre de jus de fruits

Les déjeuners et dîners

Chaque repas doit comprendre des légumes, des matières grasses, des protéines, des sucres lents et un fruit.

Pour moins de volume dans votre assiette, ne diminuez pas la portion de céréales mais plutôt celles des légumes !

	Profil 1	Profil 2	Profil 3	Profil 4	Profil 5	Profil 6
Légumes	À volonté	À volonté	À volonté	À volonté	À volonté	À volonté
Matières grasses	Huile : 10 g Ou crème fraîche (15 %) ou crème de soja ou lait de coco : 60 g Ou beurre/ margarine : 10 g	Huile : 15 g Ou crème fraîche (15 %) ou crème de soja ou lait de coco : 100 g Ou beurre/ margarine : 15 g	Huile : 15 g Ou crème fraîche (15 %) ou crème de soja ou lait de coco : 100 g Ou beurre/ margarine : 15 g	Huile : 20 g Ou crème fraîche (15 %) ou crème de soja ou lait de coco : 120 g Ou beurre/ margarine : 20 g	Huile : 20 g Ou crème fraîche (15 %) ou crème de soja ou lait de coco : 120 g Ou beurre/ margarine : 20 g	Huile : 25 g Ou crème fraîche (15 %) ou crème de soja ou lait de coco : 150 g Ou beurre/ margarine : 25 g

Protéines	Œufs : 2 Ou protéines de soja à réhydrater : 30 g Ou tofu : 80 g Ou steak de soja : 100 g Ou tempeh : 65 g Ou seitan : 65 g Ou légumes secs : 150 g cuits Ou fromage* : 40 g	Œufs : 2 Ou protéines de soja à réhydrater : 30 g Ou tofu : 80 g Ou steak de soja : 100 g Ou tempeh : 65 g Ou seitan : 65 g Ou légumes secs : 150 g cuits Ou fromage* : 40 g	Œufs : 2 Ou protéines de soja à réhydrater : 35 g Ou tofu : 100 g Ou steak de soja : 100 g Ou tempeh : 80 g Ou seitan 80 g Ou légumes secs : 200 g cuits Ou fromage* : 50 g	Œufs : 2 Ou protéines de soja à réhydrater : 35 g Ou tofu : 100 g Ou steak de soja : 100 g Ou tempeh : 80 g Ou seitan 80 g Ou légumes secs : 200 g cuits Ou fromage* : 50 g	Œufs : 3 Ou protéines de soja à réhydrater : 40 g Ou tofu : 120 g Ou steak de soja : 150 g Ou tempeh : 100 g Ou seitan 100 g Ou légumes secs : 250 g cuits Ou fromage * : 60 g	Œufs : 3 Ou protéines de soja à réhydrater : 40 g Ou tofu : 120 g Ou steak de soja : 150 g Ou tempeh : 100 g Ou seitan 100 g Ou légumes secs : 250 g cuits Ou fromage* : 60 g
Sucres lents	Céréales : 150 g cuites Ou pain : 75 g Ou pommes de terre ou légumes secs cuits : 200 g	Céréales : 200 g cuites Ou pain : 100 g Ou pommes de terre ou légumes secs cuits : 250 g	Céréales : 210 g cuites Ou pain : 110 g Ou pommes de terre ou légumes secs cuits : 270 g	Céréales : 240 g cuites Ou pain : 120 g Ou pommes de terre ou légumes secs cuits : 300 g	Céréales : 300 g cuites Ou pain : 150 g Ou pommes de terre ou légumes secs cuits : 350 g	Céréales : 375 g cuites Ou pain : 190 g Ou pommes de terre ou légumes secs cuits : 450 g
Fruit	1 fruit	1 fruit	1 fruit	1 fruit	1 fruit	1 fruit

Après la théorie, amusons-nous avec la pratique ! Dans la partie suivante, vous allez découvrir plus de 300 repas végétariens, équilibrés et variés. Pour chaque menu, vous trouverez la répartition exacte en protéines, lipides et glucides du repas. Vous remarquerez même que certains repas végétariens dépassent les besoins en protéines recommandés !

Bon VEGGIE-appétit !

* Nous verrons à travers les menus que, compte tenu de la teneur élevée en protéines de certaines céréales, un laitage type yaourt, fromage blanc, petit-suisse ou faisselle suffira à l'équilibre du repas.

Mon équilibre veggie

Voici un récapitulatif de vos besoins nutritionnels. Complétez cette page en fonction de votre profil et n'hésitez pas à la coller sur le réfrigérateur afin d'y jeter un coup d'œil de temps en temps.

Mon petit déjeuner

1 boisson

.... g de pain
OU .... g de céréales

.... g de beurre ou de margarine
OU .... g d'oléagineux

.... œufs
OU .... laitage
OU .... g de fromage

1 fruit ou un petit verre de jus de fruits

Mon déjeuner et mon dîner

À chaque repas, je dois apporter à mon organisme :

des légumes

une matière grasse
.... g d'huile
OU .... g de crème fraîche, de crème de soja ou de lait de coco
OU .... g de beurre ou de margarine

des protéines
.... œufs
OU .... g de protéines de soja à réhydrater
OU......... g de tofu
OU......... g de steak de soja
OU......... g de seitan ou de tempeh
OU......... g de légumes secs
OU......... g de fromage

des sucres lents
.... g de céréales
OU .... g de pain
OU .... g de pommes de terre ou de légumes secs

un fruit

Chapitre 5

Mes menus équilibrés pour chaque saison

Après la théorie… en route pour la pratique ! Voici plus de 300 repas végétariens et équilibrés adaptés à chaque saison : printemps, été, automne et hiver. Vous trouverez, pour chaque repas, la répartition des calories entre les protéines, les lipides et les glucides. Ainsi, pour équilibrer vos menus, il ne vous reste plus qu'à adapter les quantités de vos besoins nutritionnels (définis dans le chapitre 5) à vos repas. Bon appétit !

Sauf indication, les recettes sont prévues pour une personne.

Dans certains menus, les matières grasses sont à répartir sur tout le repas. Ne mettez pas toute la quantité d'huile dans vos crudités dès l'entrée !

Mes menus printemps : semaine 1

En route pour le printemps, une période attendue pour varier les aliments, et place aux légumes nouveaux et à la légèreté ! Quoi de mieux que de commencer le printemps par une jardinière de légumes ? Lors de cette première semaine printanière, l'asperge fera son apparition, vous vous régalerez avec des lentilles corail en salade et vous terminerez par un savoureux clafoutis à la cerise. Bon appétit !

JOUR 1

Petit déjeuner (P 11 % L 30 % G 59 %)

- Thé ou café
- Tartines grillées au beurre d'amandes
- Smoothie fraîcheur

Smoothie fraîcheur

Mixez 1 mangue bien mûre, ¼ de banane et 200 ml de lait demi-écrémé. Servez bien frais !

Les végétaliens pourront réaliser leur smoothie avec du lait de soja.

Déjeuner (P 19 % L 30 % G 51 %)

- Salade printanière
- Pain aux céréales
- Prunes jaunes

Salade printanière

- Mesclun
- Asperges cuites
- Tomates cerises
- Son de blé
- Vinaigrette : huile d'olive, vinaigre balsamique blanc, moutarde et poivre
- Copeaux de parmesan

Pensez à saupoudrer vos salades composées ou vos crudités de son de blé, qui est une excellente source de vitamines, de fer et de magnésium.

Dîner (P 12 % L 29 % G 59 %)

- Crudités assaisonnées à l'huile de colza
- Jardinière de légumes
- Compote aux pommes et aux poires

Jardinière de légumes

Écossez les gousses de petits pois, épluchez puis coupez en rondelles les pommes de terre et les carottes. Enfin, émincez un oignon. Faites fondre une noix de beurre dans une cocotte et faites roussir l'oignon. Ajoutez les petits pois, les pommes de terre et un grand verre de bouillon de légumes. Laissez cuire à couvert pendant 10 min. Ajoutez les carottes et laissez cuire 10 min. Servez chaud.

JOUR 2

Petit déjeuner (P 11 % L 32 % G 57 %)

- 1 bol de lait chocolaté
- Galettes de riz complet tartinées au beurre et recouverte de rondelles de kiwi

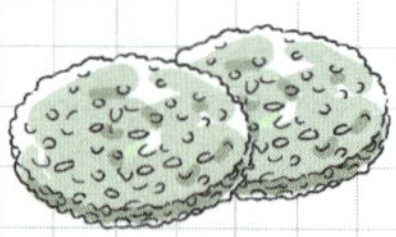

Pour connaître la quantité de galettes de riz nécessaire à l'équilibre de votre petit déjeuner, référez-vous à la quantité de céréales recommandée et non de pain. Par exemple, si vous êtes du profil 2 (voir p. 40-41), vous consommerez 50 g de galettes de riz, soit 7 galettes.

Déjeuner (P 14 % L 35 % G 51 %)

- Sandwich mimosa
- Banane

Sandwich mimosa

- Pain
- Rondelles de tomate
- Mayonnaise
- Œuf dur

Les moins pressés pourront faire cuire des fonds d'artichaut frais 15 à 20 min dans une eau bouillante citronnée au préalable, puis les faire revenir à la poêle avec un filet d'huile d'olive.

Dîner (P 12 % L 29 % G 59 %)

- Salade verte légèrement assaisonnée
- Pizza printanière
- Pomme golden

Pizza printanière

Préchauffez votre four à 210 °C (th. 7). Étalez la pâte à pizza sur une plaque recouverte de papier sulfurisé et tartinez-la avec du pesto. Égouttez puis rincez 2 ou 3 cœurs d'artichaut (en boîte). Recouvrez la pâte à pizza de fines rondelles de tomates puis des cœurs d'artichauts. Disposez la mozzarella, arrosez votre pizza d'un filet d'huile d'olive, puis passez au four 20 min.

JOUR 3

Petit déjeuner (P 14 % L 29 % G 57 %)

- Thé ou café
- 1 laitage sucré au miel
- Céréales
- Oléagineux
- 1 verre de jus de fruits

Déjeuner (P 14 % L 34 % G 52 %)

- Crudités légèrement assaisonnées
- Pâtes à la romaine
- Fruit de la Passion

Pâtes à la romaine

Faites cuire les pâtes dans un grand volume d'eau bouillante. Coupez des feuilles de laitue en lanières et faites-les revenir avec de l'huile d'olive. Ajoutez du tofu fumé coupé en dés, 1 c. à c. de sauce soja, de la sauge et du poivre. Laissez cuire quelques minutes en ajoutant de l'eau si nécessaire. Servez les pâtes avec la garniture.

Dîner (P 13 % L 25 % G 62 %)

- Salade de lentilles corail
- Pain complet
- 1 compote pommes-fraises

Salade de lentilles corail

Rincez les lentilles corail puis faites-les cuire dans une casserole d'eau bouillante (2 volumes d'eau pour 1 volume de lentilles corail) pendant 15 min. Égouttez-les et laissez-les refroidir. Faites revenir de l'oignon émincé dans une poêle avec un filet d'huile d'olive. Préparez la sauce en mélangeant énergiquement avec un fouet : 1 c. à s. d'huile d'olive, 1 c. à c. rase de miel, une pointe de curry, de la coriandre fraîche moulinée et le jus d'un demi-citron. Servez les lentilles en salade avec des dés de concombre, et recouvertes de sauce.

JOUR 4

Petit déjeuner (P 12 % L 34 % G 54 %)

- Thé ou café
- Tartines au fromage de chèvre
- Cerneaux de noix
- Jus de citron vert

Jus de citron vert

Pressez 1 citron vert. Mixer 2 kiwis, 100 g de pastèque épépinée et un jus de citron vert. Servez frais.

Déjeuner (P 13 % L 29 % G 58 %)

- Salade Arlequin
- 1 poignée de cerises

N'oubliez pas de saupoudrer votre salade avec du son de blé !

Salade Arlequin

- Concombres
- Betteraves rouges
- Maïs
- Seitan grillé
- Huile de tournesol

Dîner (P 13 % L 34 % G 53 %)

- Crudités légèrement assaisonnées
- Risotto aux légumes printaniers
- 1 pomme

Risotto aux légumes printaniers

Faites suer dans une casserole avec de l'huile d'olive 1 oignon émincé, 1 carotte et 1 côte de bette coupée en rondelles. Ajoutez le riz pour le risotto et remuez jusqu'à ce qu'il devienne translucide. Recouvrez la préparation de bouillon de légumes. Laissez cuire façon « risotto », en ajoutant le liquide peu à peu. Ajoutez du parmesan, du persil plat haché, de la muscade et du poivre. Servez chaud.

La côte de bette peut être remplacée par un blanc de poireau.

JOUR 5

Petit déjeuner (P 12 % L 33 % G 55 %)

- Café ou thé
- Pain tartiné au beurre de noix de cajou
- 1 bol de yaourt agrémenté de fraises coupées en morceaux

Déjeuner (P 14 % L 35 % G 51 %)

- Salade de millet
- ½ pamplemousse

Salade de millet

Faites cuire le millet dans 2 fois son volume d'eau. Égouttez et laissez refroidir. Faites de même avec des haricots verts frais. Mélangez les haricots verts, le millet cuit, les tomates séchées coupées en morceaux avec la mozzarella coupée en dés. Servez le tout assaisonné et décoré de feuilles de basilic ciselées.

Petit rappel... Le millet est une céréale qui ne contient pas de gluten.

Dîner (P 14 % L 32 % G 54 %)

- Salade verte légèrement assaisonnée
- 1 steak de soja
- Pommes de terre boulangère
- 1 banane

Pommes de terre boulangère

Faites revenir 1 oignon avec de l'huile d'olive dans une poêle. Coupez les pommes de terre crues en fines tranches. Dans un plat à gratin, alternez des couches de pommes de terre et d'oignons. Mouillez à hauteur avec un cube de bouillon de légumes dilué. Saupoudrez d'herbes de Provence. Cuire 30 min au four à 210 °C (th. 7).

JOUR 6

Petit déjeuner (P 15 % L 32 % G 53 %)

- Thé ou café
- 1 bol de muesli nature avec du lait demi-écrémé, agrémenté d'amandes effilées grillées
- 2 kiwis

Le quinoa étant une céréale riche en protéines d'excellente qualité, il n'est pas nécessaire d'équilibrer l'apport en protéine de ce repas avec du fromage, un seul laitage sera suffisant.

Déjeuner (P 13 % L 33 % G 54 %)

- Une poignée de radis roses et sa noisette de beurre
- Poêlée printanière de quinoa
- 1 laitage sucré au sirop d'érable
- Des abricots

Poêlée printanière de quinoa

Faites revenir dans de l'huile des dés de poivron et d'oignon. Ajoutez des tomates concassées, du poivre et des herbes aromatiques, puis faites mijoter 5 min. Rajoutez le quinoa cuit, mélangez et servez chaud.

Dîner (P 13 % L 37 % G 50 %)

- Tomates cerises sur lit de mesclun assaisonné
- Omelette à l'oignon
- Pain Viking ou pommes de terre
- 1 banane

JOUR 7

Petit déjeuner (P 11 % L 30 % G 59 %)

- Thé ou café
- Croissant
- 1 yaourt agrémenté de morceaux de fraise

Taboulé à la semoule de Khamut®

Mixez 1 tomate, ½ concombre, de l'oignon, une pincée de sel, de l'huile d'olive, du persil plat et des feuilles de menthe. Mélangez avec la semoule de Khamut®.

Le halloumi est un fromage chypriote qui se tient parfaitement au barbecue. Il est fabriqué avec un mélange de lait de chèvre et de brebis.

Déjeuner (P 13 % L 36 % G 51 %)

- Taboulé à la semoule de Khamut®
- Brochette d'asperges et dés de halloumi
- Brochette de fruits

Brochette d'asperges et dés de halloumi

Coupez le pied des asperges vertes. Enfilez 4 ou 5 asperges sur 2 brochettes en bois façon « radeau », en alternant avec des dés de halloumi. Badigeonnez les brochettes avec un mélange d'huile de sésame, de sauce soja, d'ail et de poivre. Faites cuire les brochettes au barbecue 4 à 5 min sur chaque face.

Dîner (P 12 % L 34 % G 54 %)

- Salade printanière
- Clafoutis aux cerises

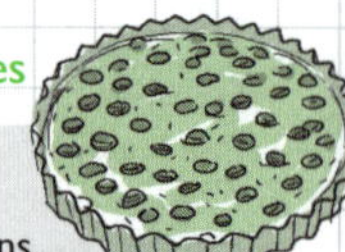

Salade printanière

Laitue, tomates, oignons, pommes de terre, vinaigrette

Clafoutis aux cerises (pour 4 personnes)

Préchauffez le four à 180 °C (th. 6). Au batteur électrique, mélangez 4 œufs et 100 g de sucre. Ajoutez 200 g de tofu soyeux et mélangez bien. Ajoutez 25 g de poudre d'amandes et continuez à mélanger. Dans un plat à tarte beurré, déposez des cerises dénoyautées et recouvrez-les de la préparation. Faites cuire au four 30 min. Servez frais.

Mes menus printemps : semaine 2

Cette semaine, on voyage ! Burger, risotto et chop suey sont au menu. Notre voyage se terminera en Inde avec le traditionnel « dal », plat indien à base de lentilles. Bon voyage !

JOUR 1

Petit déjeuner (P 11 % L 36 % G 53 %)

- Thé ou café
- 1 œuf à la coque
- Tartines de pain complet beurré
- 1 verre de jus de fruits

Les graines de courge font partie de ces petits « plus » nutritionnels à ajouter dans vos assiettes. Comme tous les oléagineux, elles contiennent des protéines et de bonnes graisses. Elles sont également riches en fer, en magnésium et en calcium. Si vous en consommez en grande quantité, veillez toutefois à diminuer parallèlement votre portion d'huile.

Déjeuner (P 13 % L 35 % G 52 %)

- Salade jardinière
- Pain
- Fromage
- 1 pomme rouge

Salade jardinière

– Betteraves crues râpées
– Carottes râpées
– Graines de courge grillées
– Vinaigrette : huile, vinaigre, moutarde et poivre

Dîner (P 12 % L 33 % G 55 %)

- Crudités assaisonnées
- Steak de seitan à la provençale
- Riz rouge
- 1 nectarine

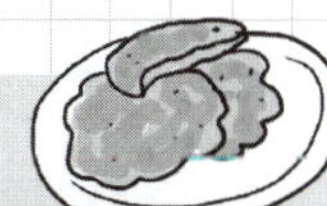

Steak de seitan à la provençale

Mixez le seitan égoutté avec 1 c. à c. de câpres, 1 ou 2 tomates confites dans l'huile, ½ tomate fraîche et ½ gousse d'ail. Façonnez une boule et aplatissez-la pour former un steak. Faites cuire le steak dans une poêle légèrement huilée, 5 min sur chaque face.

Pour une organisation au top, pensez à en préparer davantage et à congeler le surplus !

JOUR 2

Petit déjeuner (P 14 % L 34 % G 52 %)

- Thé ou café
- Porridge à la poire et au miel
- 1 poignée d'un mélange d'oléagineux

Porridge à la poire et au miel

Épluchez et coupez en petits morceaux 1 poire. Versez les flocons d'avoine et le lait demi-écrémé dans une casserole, puis portez à ébullition pendant 5 min, baissez le feu et prolongez la cuisson pendant encore 5 min. Ajoutez les morceaux de poire et 1 c. à s. de miel, et dégustez !

Déjeuner (P 19 % L 31 % G 50 %)

- Crudités assaisonnées
- Duo de lentilles et saucisses de soja
- 2 kiwis

Les saucisses de soja sont des produits relativement gras (15 % de graisses pour 10 % de protéines), n'hésitez pas à diminuer la portion d'huile dans la vinaigrette.

Pour une meilleure absorption du fer d'origine végétale, veillez à ajouter à votre repas un aliment riche en vitamine C… comme ici, le kiwi !

Dîner (P 13 % L 33 % G 54 %)

- Melon
- Risotto à la milanaise
- 1 compote à la pomme et à la prune

Risotto à la milanaise

Faites dorer un oignon émincé avec une noisette de beurre. Ajoutez du riz pour risotto, du safran et du poivre, et laissez brunir. Ajoutez 1 grand verre de bouillon de légumes chaud. Laissez cuire 15 min à feu moyen en ajoutant de l'eau si nécessaire. Ajoutez une demi-boîte de tomates concassées et laissez cuire 5 min. Ajoutez du parmesan, mélangez et servez chaud.

JOUR 3

(P 11 % L 32 % G 57 %) **Petit déjeuner**

- Thé ou café
- Toasts au beurre d'amande et à la confiture
- 1 yaourt aux framboises fraîches

La confiture est un produit sucré qui n'a pas d'intérêt nutritionnel particulier. Elle fait partie des calories « plaisir », à consommer avec modération…

(P 13 % L 30 % G 57 %) **Déjeuner**

- Salade de tomates légèrement assaisonnée
- Aubergines farcies à la libanaise
- Semoule de blé Khorasan®
- 1 fruit

(P 15 % L 35 % G 50 %) **Dîner**

- Salade verte légèrement assaisonnée
- Pain de courgettes
- Pain
- 1 poignée de cerises

Aubergines farcies à la libanaise

Préchauffez le four à 210 °C (th. 7). Lavez et coupez en deux 1 aubergine, dans le sens de la longueur. Quadrillez la chair à l'aide d'un couteau, badigeonnez d'huile d'olive puis placez l'aubergine au four pendant 10 min. Préparez la farce : mixez 150 g de pois chiches en boîte, ½ oignon, ½ gousse d'ail, 1 c. à c. de tahin, 1 c. à c. d'huile d'olive, du cumin en poudre, du piment d'Espelette, du persil, 1 c. à c. de chapelure, du sel et du poivre. Creusez les moitiés d'aubergine à l'aide d'une cuillère et farcissez-les avec le mélange. Remettez au four pendant 20 min. Servez chaud, en accompagnement de la sauce suivante : mélangez 2 c. à s. de tahin, 3 c. à s. de jus de citron, 3 c. à s. d'eau, une pincée de cumin en poudre et 1 c. à s. de persil ciselé.

Pain de courgettes

Faites sauter dans une poêle 1 courgette coupée en petits dés, avec un peu d'huile et de l'ail haché. Mélangez 2 œufs, les dés de courgette, 1 c. à s. de crème de soja, 1 c. à c. de chapelure, une pointe de curry, du sel et du poivre. Faites cuire au four, dans un bain-marie, à 180 °C (th. 6) pendant 30 min.

JOUR 4

(P 9 % L 37 % G 54 %) **Petit déjeuner**

- Thé ou café
- Pain beurré
- 1 morceau de fromage de chèvre
- 1 verre de jus de pomme

Saviez-vous que le fromage de chèvre avait une faible teneur en protéines ? Il est donc important de varier vos fromages et de privilégier parfois les fromages au lait de vache et à pâte dure de type emmental, comté ou beaufort, qui sont bien plus riches en protéines et en calcium.

(P 12 % L 35 % G 53) **Déjeuner**

- Salade printanière sucrée-salée
- 1 yaourt sucré au miel

Salade printanière sucrée-salée

Feuilles de chêne, pommes, maïs, 1 œuf dur, sauce : mayonnaise, citron, poivre et persil

L'équilibre du repas est ici assuré par l'œuf ET le laitage. Il n'est donc pas nécessaire de manger 2 œufs.

(P 15 % L 34 % G 51 %) **Dîner**

- Salade verte légèrement assaisonnée
- Burger au tofu
- 1 pêche plate

Vous pouvez bien sûr accompagner votre burger de frites, mais votre repas ne sera alors plus équilibré…

Burger au tofu (pour 2 personnes)

Hachez ½ oignon et ½ gousse d'ail. Puis faites sauter dans 1 c. à c. d'huile d'olive ½ courgette râpée avec l'oignon et l'ail. Ajoutez 1 c. à s. de tomate concassée et 30 g de boulgour. Laissez cuire quelques minutes. Ajoutez, hors du feu, 80 g de tofu ferme émietté, une pincée de cumin en poudre, une pincée de cannelle et de piment d'Espelette et 1 œuf battu. Préchauffez le four à 180 °C (th. 6). Façonnez 2 steaks et faites-les cuire au four 15 minutes. Montez vos burgers avec du pain à hamburger, des rondelles de tomate, de cornichon et d'oignon rouge.

JOUR 5

Petit déjeuner (P 12 % L 31 % G 57 %)

- Thé ou café
- 2 crêpes beurre et sucre
- 1 banane

Déjeuner (P 12 % L 30 % G 58 %)

- Gratin de brocolis et de pommes de terre
- Pain
- Abricots

Dîner (P 15 % L 34 % G 51 %)

- Chop suey
- Riz complet
- Mangue

Gratin de brocolis et de pommes de terre

Faites blanchir les brocolis quelques minutes dans l'eau bouillante. Préparez la béchamel avec du beurre, de la farine et du lait demi-écrémé. Assaisonnez votre béchamel avec du sel, du poivre et de la muscade. Disposez les brocolis dans un plat à gratin, recouvrez de béchamel et d'emmental râpé. Passez au four chaud pendant 15 min.

Les sucres lents sont ici apportés par les pommes de terre et le pain. Pensez à en équilibrer les portions !

Chop suey

Faites mariner le tofu ferme coupé en petits dés dans un mélange de tamari et d'eau. Faites sauter avec de l'huile de sésame de l'ail, ½ branche de céleri, quelques champignons et poivrons émincés, des pousses de haricot mungo et des pois mange-tout. Ajoutez le tofu et laissez cuire quelques minutes. Au moment de servir, parsemez votre plat avec des cacahuètes ou des noix de cajou mixées.

JOUR 6

Petit déjeuner (P 12 % L 31 % G 57 %)

- 1 bol de lait chocolaté
- Tartines de pain grillé au beurre
- ½ pamplemousse

Déjeuner (P 13 % L 34 % G 53 %)

- Tofu pané
- Ratatouille
- Pain
- 1 coupelle de fraises

Dîner (P 11 % L 32 % G 57 %)

- Salade de brebis
- 1 yaourt nature aux dés de fruits

Tofu pané

Coupez du tofu nature en tranches et faites mariner celles-ci dans un bouillon de légumes chaud. Cassez 1 œuf et battez-le dans un bol. Préparez un mélange de farine et de graines de sésame. Trempez les tranches de tofu dans l'œuf battu puis dans le mélange farine/sésame et faites-les revenir 2 min de chaque côté dans une poêle huilée. Servez chaud.

Salade de brebis

- Salade verte
- Tomates
- Pommes de terre
- Fromage de brebis
- Vinaigrette

JOUR 7

Petit déjeuner (P 15 % L 30 % G 55 %)

- Thé ou café
- 1 bol de lait aux céréales
- Des oléagineux
- 1 coupelle de salade de fruits variés

Déjeuner (P 18 % L 29 % G 53 %)

- Salade César
- 1 pomme

Dîner (P 12 % L 25 % G 63 %)

- Dal aux épices
- Riz basmati
- ½ mangue

Salade César

1 cœur de laitue, 1 tranche de pain coupé en cubes et revenus dans de l'huile d'olive, parmesan, maïs. Sauce (pour 4 personnes) : mixez 1 œuf cuit 2 min dans l'eau bouillante, 2 c. à c. de câpres, ½ c. à c. de moutarde, quelques copeaux de parmesan, une pointe de Tabasco, le jus de ½ citron, 1 gousse d'ail pelée et 1 c. à s. d'huile.

Dal aux épices

Faites cuire les lentilles corail dans le même volume d'eau pendant 15 min à feu moyen. Mixez un petit oignon et ½ gousse d'ail puis faites revenir le mélange dans une poêle avec de l'huile. Ajoutez 1 tomate coupée en petits dés, 1 c. à c. de curry, une pointe de curcuma, une pointe de gingembre et de cumin en poudre et mélangez. Ajoutez les lentilles et le lait de coco. Continuez la cuisson à feu doux pendant quelques minutes. Servez chaud.

Mes menus printemps : semaine 3

Cette semaine, on part en pique-nique avec un wrap végétarien, on cuisine le tempeh en brochette et on déguste le seitan en salade. Vous allez également revisiter la recette des spaghettis à la bolognaise en remplaçant la viande hachée par des protéines de soja… pour le plus grand plaisir des grands et des petits !

JOUR 1

Petit déjeuner (P 12 % L 38 % G 50 %)

- Thé ou café
- Pain
- Fromage
- 1 verre de jus de fruits

Déjeuner (P 15 % L 34 % G 51 %)

- Salade orange
- 1 poignée de cerises

Dîner (P 16 % L 33 % G 51 %)

- Salade verte légèrement assaisonnée
- Spaghettis à la bolognaise
- 1 coupelle de fruits rouges

Salade orange

– Carottes râpées
– Poivrons orange
– Mimolette
– Penne rigate
– Vinaigrette

Spaghettis à la bolognaise

Réhydratez les protéines de soja dans 2 fois leur volume de bouillon de légumes chaud. Faites revenir ½ oignon haché et ½ gousse d'ail hachée avec 1 c. à s. d'huile d'olive. Ajoutez 1 tomate pelée mixée et des champignons émincés. Ajoutez de la sauge, du basilic et du persil haché et les protéines de soja réhydratées. Laissez mijoter 10 min. Faites cuire les spaghettis dans un grand volume d'eau bouillante salée. Servez les pâtes accompagnées de la sauce.

JOUR 2

Petit déjeuner (P 17 % L 27 % G 56 %)

- Thé ou café
- 1 yaourt nature et des céréales
- 1 poignée d'oléagineux
- 2 kiwis

Déjeuner (P 15 % L 37 % G 48 %)

- Wrap printanier
- 1 banane

Dîner (P 13 % L 34 % G 53 %)

- Tomates farcies au tofu
- Riz complet et sa noisette de beurre
- 1 nectarine

Wrap printanier

Épluchez 1 tomate et ½ poivron et coupez-les en fines lanières. Émincez ¼ d'oignon rouge, coupez finement du cheddar et émincez des feuilles de laitue. Préparez la sauce : mélangez de la crème fraîche (à 15 %), ½ gousse d'ail hachée, une pincée de cumin en poudre et du persil haché. Garnissez 2 tortillas avec tous les ingrédients et assaisonnez de sauce. À déguster frais !

Tomates farcies au tofu

Lavez 2 tomates, coupez-en les chapeaux et évidez-les. Faites suer 1 échalote avec de l'huile d'olive, ajoutez ¼ d'aubergine coupée en tout petits dés et 1 gousse d'ail hachée. Laissez cuire quelques minutes. Ajoutez un filet de sauce soja, du basilic ciselé et le tofu coupé en petits dés. Garnissez les tomates évidées avec le mélange et ajoutez les chapeaux. Placez les tomates farcies dans un grand plat, dans un fond de bouillon de légumes, et faites cuire au four 30 min à 180 °C (th. 6).

JOUR 3

(P 13 % L 34 % G 53 %) **Petit déjeuner**

- Thé ou café
- Porridge aux cranberries

(P 14 % L 27 % G 59 %) **Déjeuner**

- Salade tropicale au seitan
- Pain
- Thé vert à la menthe

(P 13 % L 36 % G 51 %) **Dîner**

- Gaspacho
- Pain
- 1 compote aux pêches et abricots

Porridge aux cranberries

Faites chauffer 1 verre de lait et 1 verre d'eau, puis ajoutez les flocons d'avoine. Ajoutez 1 c. à c. de sucre de canne et laissez cuire 5 min. Ajoutez 1 c. à s. de cranberries (c'est-à-dire des canneberges) et quelques cerneaux de noix concassés. Servez chaud.

Salade tropicale au seitan

Coupez ¼ de papaye et 1 carotte en fine julienne. Coupez aussi ½ oignon et 1 tomate en tranches fines. Mélangez tous les ingrédients. Ajoutez une poignée de haricots verts cuits. Dans une poêle, faites sauter le seitan coupé en cubes pendant quelques minutes à feu vif. Poivrez, puis déglacez la poêle avec 1 c. à c. de sauce soja. Ajoutez les dés de seitan sautés aux légumes. Préparez la sauce : mélangez 1 c. à s. d'huile d'olive, 1 c. à s. de sauce soja, 1 c. à s. de sauce nuoc-mâm et une pointe de purée de piment. Arrosez la salade de sauce puis saupoudrez avec des cacahuètes concassées.

Gaspacho

Placez dans un saladier 1 oignon haché avec du persil, ½ concombre épépiné et 1 tomate. Ajoutez 1 c. à s. d'huile d'olive et 1 verre de jus de tomate. Mélangez parallèlement un autre verre de jus de tomate avec une pointe de Tabasco, du poivre et 1 c. à s. de vinaigre de vin. Mixez les deux préparations et réservez le tout au réfrigérateur plusieurs heures avant de servir. Accompagnez votre gaspacho de poivrons coupés en petits dés, d'emmental râpé et de croûtons.

JOUR 4

(P 12 % L 31 % G 57 %) **Petit déjeuner**

- Thé ou café
- Pain beurré
- 1 fromage blanc sucré à la cassonade
- 1 verre de jus de fruits

(P 13 % L 33 % G 54 %) **Déjeuner**

- 1 steak de soja grillé
- Duo de riz et tomates provençales
- Ananas

(P 14 % L 31 % G 55 %) **Dîner**

- Omelette à la ratatouille
- Haricots verts
- Fruit

Omelette à la ratatouille

Faites cuire le millet dans 2 fois son volume d'eau bouillante salée. Battez 2 œufs en omelette. Ajoutez le millet cuit, 2 c. à s. de ratatouille cuisinée, quelques câpres et du basilic haché. Faites chauffer de l'huile dans une poêle et faites saisir l'omelette. Baissez le feu, couvrez et laissez cuire à feu doux pendant 10 min.

JOUR 5

(P 11 % L 28 % G 61 %) **Petit déjeuner**

- Thé ou café
- 1 croissant
- 1 laitage
- 1 verre de jus de fruits

(P 12 % L 38 % G 50 %) **Déjeuner**

- Salade corse
- Fruit

(P 11 % L 35 % G 54 %) **Dîner**

- Crudités légèrement assaisonnées
- Galettes au curry
- Semoule de blé Khorasan®
- Salade de fruits frais

Salade corse

- Salade verte
- Tomates
- Pommes de terre
- Tomme de brebis
- Vinaigrette

Galettes au curry

Mélangez 1 œuf, 2 carottes râpées, 1 gousse d'ail hachée, une pincée de sel, 1 c. à s. de farine de pois chiche et 1 c. à s. d'arrow-root. Façonnez des galettes aplaties et faites-les cuire à la poêle avec de l'huile d'olive. Servez les galettes avec la sauce obtenue en mélangeant 2 c. à s. de crème de soja avec 1 c. à s. de pâte de curry et de la ciboulette ciselée.

JOUR 6

Petit déjeuner (P 11 % L 36 % G 53 %)

- Thé ou café
- Toasts beurrés
- 1 œuf à la coque
- 1 verre de jus de fruits

Déjeuner (P 13 % L 36 % G 51 %)

- Brochette de tempeh à la sauce coco
- Duo de riz et légumes
- 1 nectarine

Brochette de tempeh à la sauce coco

Préparez la sauce : hachez ½ gousse d'ail avec 1 petit morceau de racine fraîche de gingembre (1 cm). Dans une casserole, faites chauffer à feu doux 30 g de lait de coco. Ajoutez 1 c. à s. de tahin, 1 c. à c. de sauce soja, 1 pincée de piment de Cayenne, l'ail et le gingembre. Réservez au chaud. Faites rissoler des cubes de tempeh à la poêle avec de l'huile de pépin de raisin. Ajoutez des morceaux de poivron et laissez cuire quelques minutes. Présentez le tempeh en brochettes avec les poivrons. Servez avec la sauce.

Dîner (P 13 % L 31 % G 56 %)

- Crudités assaisonnées
- Duo de pois chiches et de courgettes sautées
- Pain
- Fromage
- 1 pomme golden

Ici, l'équilibre en protéines du repas est assuré par les pois chiches ET le fromage. Pour savoir quelle quantité en consommer, c'est simple, faites moitié-moitié !

Pensez à agrémenter vos préparations avec des herbes, des épices ou des mélanges d'épices du monde, type épices à la mexicaine, à l'espagnole, à la marocaine… que vous trouverez facilement en grande surface.

JOUR 7

Petit déjeuner (P 14 % L 35 % G51 %)

- Lait demi-écrémé
- Céréales
- 1 poignée d'oléagineux
- ½ pamplemousse

Déjeuner (P14 % L 35 % G 51 %)

- Melon
- Gratin de blé aux légumes
- Salade de fruits

Gratin de blé aux légumes

Faites sauter dans une poêle, avec de l'huile d'olive, ½ courgette et ½ poivron coupés en dés. Assaisonnez d'ail en poudre et de poivre. Baissez le feu et laissez cuire 5 min. Placez le blé cru dans un plat à gratin. Ajoutez les légumes revenus et mélangez. Mouillez à hauteur avec un bouillon de légumes et recouvrez avec de l'emmental râpé. Passez au four chaud, à 210 °C (th. 7), pendant 30 min.

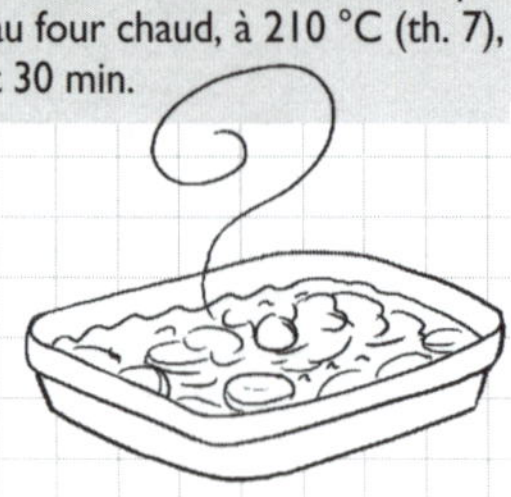

Dîner (P 12 % L 37 % G 51 %)

- Salade verte assaisonnée
- Pain perdu aux légumes
- 1 poire

Pain perdu aux légumes

Plongez une tomate dans de l'eau bouillante pendant quelques minutes puis épluchez-la et coupez-la en petits cubes. Coupez ensuite ¼ de concombre en petits dés et mélangez-les aux morceaux de tomate. Râper la mimolette. Grillez le pain et badigeonnez-le d'huile d'olive. Disposez les tartines sur une plaque allant au four, recouvrez du mélange de légumes et de mimolette. Salez, poivrez et faites cuire au gril pendant 8 min. Servez chaud.

Mes menus printemps : semaine 4

Cette semaine, on se réconcilie avec les épinards ! Il ne faut pas hésiter à abuser de ce légume riche en vitamines A et C, en acide folique, en calcium, en fer et en magnésium. Alors, en gratin, en crêpe ou en croque… on se régale !

JOUR 1

Petit déjeuner (P 13 % L 30 % G 57 %)

- Floraline® au chocolat
- 1 poignée de noix de cajou
- 1 verre de jus de fruits

Déjeuner (P 15 % L 32 % G 53 %)

- Salade verte légèrement assaisonnée
- Gratin de chou-fleur
- Pain
- 1 pêche

Dîner (P 11 % L 31 % G 58 %)

- Crudités légèrement assaisonnées
- Riz cantonais
- 2 kiwis

Floraline® au chocolat

Faites bouillir 1 bol de lait dans une casserole. Ajoutez 1 morceau de sucre et 1 c. à c. de chocolat en poudre. Baissez le feu et ajoutez la Floraline® (mélange de semoule de blé et de tapioca) en pluie fine. Laissez chauffer quelques minutes en remuant souvent.

L'équilibre en protéines du dîner est assuré par l'œuf et les petits pois. Pour en déterminer les quantités, faites moitié-moitié !

Riz cantonais

Faites cuire du riz basmati dans un grand volume d'eau salée pendant 10 min et, dans une casserole, préparez des petits pois à la vapeur. Dans une poêle légèrement huilée, faites cuire 1 œuf brouillé. Dans une autre poêle, faites rissoler à feu vif des lanières d'oignon, puis ajoutez des pousses de soja, le riz, les petits pois et l'œuf brouillé. Arrosez de sauce de soja et laissez cuire à feu doux pendant 5 min. Servez chaud.

Gratin de chou-fleur

Faites blanchir le chou-fleur dans un grand volume d'eau bouillante salée pendant 10 min. Préparez la béchamel : faites fondre 10 g de beurre, ajoutez 1 c. à s. de farine et remuez. Ajoutez 1 verre de lait en remuant. Assaisonnez votre béchamel avec du sel, du poivre et de la noix de muscade. Placez le chou-fleur dans un plat à gratin, recouvrez de sauce béchamel et parsemez de 30 g d'emmental râpé. Faites cuire au four chaud (210 °C, th. 7) pendant 30 min.

JOUR 2

Petit déjeuner (P 16 % L 31 % G 53 %)

- Thé ou café
- 1 bol de fromage blanc aux céréales et aux pignons de pin
- 1 verre de jus de fruits

Déjeuner (P 14 % L 28 % G 58 %)

- Salade de poivrons à l'amarante
- 1 pomme fuji

Petite info sur les quantités pour équilibrer votre repas : l'amarante représente ici les sucres lents, et les haricots rouges, la source de protéines.

Dîner (P 14 % L 33 % G 53 %)

- Wok de nouilles chinoises
- Salade de fruits

Salade de poivrons à l'amarante

Rincez l'amarante et faites-la cuire dans 2 fois son volume d'eau, à feu doux et à couvert pendant 20 min. Laissez refroidir. Coupez en petits dés 1 tomate épluchée et 1 poivron vert. Rincez les haricots rouges appertisés (cuits longuement). Mélangez tous les ingrédients et assaisonnez avec de l'huile et du vinaigre balsamique. Servez frais.

Wok de nouilles chinoises

Faites mariner, pendant 1 à 2 heures, le tofu coupé en dés dans un mélange composé de 3 c. à s. de sauce soja, du gingembre frais haché, 2 gousses d'ail hachées, 1 oignon vert ciselé et 1 c. à s. de miel. Parallèlement, faites mariner des morceaux de poivron, d'oignon et de piment dans un mélange d'huile d'olive et de sauce soja. Dans une casserole, portez à ébullition un grand volume d'eau, puis jetez-y les nouilles chinoises. Faites cuire pendant 2 min, égouttez et réservez. Faites sauter le tofu à feu fort dans un wok, avec de l'huile, ajoutez-y les légumes puis les nouilles et laissez cuire 5 min. Servez chaud, décoré de coriandre fraîche ciselée et d'amandes concassées.

JOUR 3

Petit déjeuner (P 12 % L 34 % G 54 %)

- Thé ou café
- Pain beurré
- Fromage
- 1 pomme golden

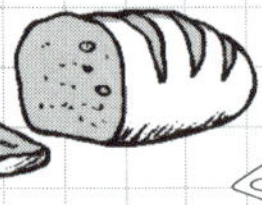

Déjeuner (P 12 % L 31 % G 57 %)

- Poêlée d'épeautre aux légumes
- Yaourt nature aux morceaux de fraises fraîches

L'épeautre étant une céréale riche en protéines de bonne qualité, il suffit d'ajouter un laitage au repas pour atteindre l'équilibre nutritionnel.

Dîner (P 17 % L 32 % G 51 %)

- Salade verte légèrement assaisonnée
- Fajitas au seitan
- Pastèque

Poêlée d'épeautre aux légumes

Faites tremper l'épeautre toute une nuit dans un grand volume d'eau froide. Faites ensuite griller l'épeautre dans une casserole avec une noisette de beurre, ajoutez 3 verres d'eau et laissez cuire jusqu'à absorption de tout le liquide (comptez 30 min). Faites sauter, dans une poêle, avec de l'huile d'olive 1 carotte et 1 poivron coupés en dés. Assaisonnez de poivre et de curry. Servez les légumes mélangés à l'épeautre.

Fajitas au seitan

Dans une poêle, faites revenir des lamelles de poivron et d'oignon pendant 5 min à feu vif. Ajoutez le seitan coupé en lamelles et des épices mexicaines (ou tex-mex). Garnissez 2 fajitas avec le mélange, de la crème fraîche et des tomates fraîches coupées en petits dés.

JOUR 4

Petit déjeuner (P 11 % L 28 % G 61 %)

- Smoothie de printemps
- Tartines au beurre d'amande

Déjeuner (P 15 % L 37 % G 48 %)

- 1 poignée de radis roses et sa noisette de beurre
- Gratin de pâtes aux épinards
- 1 compote aux pommes et aux fraises

Dîner (P 12 % L 36 % G 52 %)

- Salade mélangée
- Pain
- Fromage
- Fruit

Smoothie de printemps

Mixez ½ pommes golden coupée en dés et ½ banane avec 1 verre de lait de soja, 1 c. à c. de grenadine et 1 c. à c. de sucre. Servez très frais.

Gratin de pâtes aux épinards

Préchauffez le four à 210 °C (th. 7). Faites revenir, avec de l'huile d'olive, des petits oignons blancs et des feuilles d'épinard pendant quelques minutes. Dans un plat à gratin, disposez des pâtes à gratin, ajoutez les légumes et recouvrez d'emmental râpé. Faites cuire au four pendant 20 min. Servez chaud.

Salade mélangée

- Betteraves crues râpées
- Carottes râpées
- Pommes râpées
- Vinaigrette

JOUR 5

Petit déjeuner (P 13 % L 34 % G 53 %)

- Thé ou café
- Yaourt aux céréales, dés de pêche et noisettes concassées

Déjeuner (P 12 % L 38 % G 50 %)

- Salade verte légèrement assaisonnée
- Galettes de sarrasin à la florentine
- 1 coupelle de salade de fruit

Dîner (P 13 % L 35 % G 52 %)

- Salade de pomme granny et avocat en vinaigrette
- Dal au quinoa
- 1 thé au jasmin

Galettes de sarrasin à la florentine (pour 2 personnes)

Réalisez la pâte à galettes en mélangeant 60 g de farine de sarrasin, 60 g de farine de blé, une pincée de sel, 1 œuf, 1 verre de lait, 1 verre d'eau et 1 grosse noix de beurre fondu. Laissez reposer 1 h. Faites cuire 1 grosse poignée de feuilles d'épinard avec une noisette de beurre dans une poêle. Ajoutez 1 c. à s. bombée de crème fraîche, du sel, du poivre et de la noix de muscade. Préparez les galettes et servez-les agrémentées des épinards cuisinés et d'emmental râpé.

Dal au quinoa

Mélangez dans une casserole, avec de l'huile, 1 oignon émincé, 2 à 3 c. à c. de graines de moutarde, de cumin en poudre, de coriandre moulue et de gingembre frais râpé, et 1 pincée de curcuma. Faites cuire des lentilles corail pendant 10 min et ajoutez le quinoa. Laissez cuire encore 10 min.

JOUR 6

Petit déjeuner (P 12 % L 38 % G 50 %)

- Thé ou café
- 1 œuf brouillé
- Toasts beurré
- 2 kiwis

Déjeuner (P 12 % L 30 % G 58 %)

- Aubergines farcies aux pois chiches
- Riz créole
- ½ pamplemousse

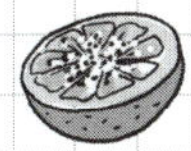

Pour équilibrer ce repas, vous utiliserez une demi-portion de fromage et une demi-portion de pois chiches.

Dîner (P 12 % L 35 % G 53 %)

- Salade verte aux pois chiches légèrement assaisonnée à l'huile de noix
- Croque-monsieur au fromage de chèvre
- 1 pomme golden

Croque-monsieur au fromage de chèvre

Faites revenir des feuilles d'épinard dans une poêle avec une noisette de beurre. Coupez le feu puis mélangez les épinards avec des noisettes concassées. Toastez le pain de mie et tartinez 2 tranches avec de la tapenade et 2 tranches avec du fromage de chèvre. Montez les 2 croque-monsieur avec 1 tranche de chaque et les épinards aux noisettes au milieu. Réchauffez les croques au four ou à la machine à croque, et dégustez.

Aubergines farcies aux pois chiches

Mixez ½ oignon et 1 gousse d'ail, puis faites-les revenir avec de l'huile d'olive. Ajoutez une pincée de cumin en poudre et du poivre. Coupez 1 aubergine en deux, dans le sens de la longueur, et évidez-en légèrement les moitiés. Mélangez la chair obtenue avec l'émincé d'oignon et d'ail, les pois chiches appertisés (cuits longuement) et les tomates concassées. Recouvrez d'emmental râpé. Placez les aubergines farcies dans un carré d'aluminium et refermez façon papillote. Laissez cuire au four à 180 °C (th. 6) pendant 20 min. Servez chaud, décoré de persil ciselé.

JOUR 7

Petit déjeuner (P 11 % L 28 % G 61 %)

- Thé ou café
- 1 croissant
- 1 laitage
- 1 verre de jus de fruits

Déjeuner (P 15 % L 33 % G 52 %)

- Boulettes d'aubergine
- Boulgour
- Banane

Dîner (P 12 % L 38 % G 50 %)

- Salade du printemps
- ½ mangue

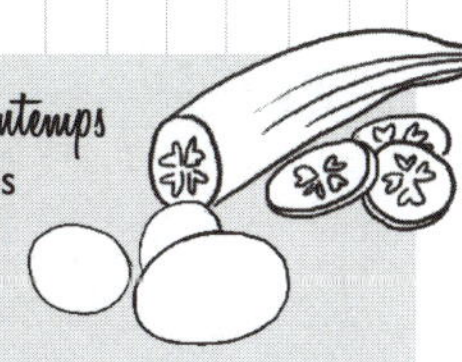

Salade du printemps

- Chou chinois
- Concombre
- Maïs
- Œuf dur
- Sauce : mayonnaise, citron, poivre et persil

Boulettes d'aubergine

Coupez ½ aubergine en tranches fines, enduisez-les d'huile d'olive puis passez-les au four pendant 10 min. Ensuite, mixez-les. Mélangez 1 c. à c. d'arrow-root, ½ gousse d'ail écrasée, 1 tranche de pain de mie émiettée, du parmesan, 1 c. à s. d'huile d'olive, du persil plat haché et l'aubergine mixée. Façonnez des boulettes et faites-les cuire au four, à 180 °C (th. 6) pendant 20 min. Servez les boulettes avec une sauce crème fraîche, du cumin en poudre, du gingembre frais râpé, une pincée de piment et du persil haché.

Mes menus été : semaine 1

L'été rime souvent avec chips, rosé et barbecue ! Eh bien, devenir végétarien ne vous empêchera pas de profiter de ces petits plaisirs de la vie ! Petit rappel quand même… Le but ici est de manger équilibré, il n'y aura donc pas de chips et de rosé au menu ! Mais qui peut le plus…

JOUR 1

Petit déjeuner (P 15 % L 30 % G 55 %)

- Café ou thé
- Pain
- Margarine
- 1 laitage agrémenté de morceaux de fruits frais (pommes, fraises, raisins…)

Déjeuner (P 13 % L 35 % G 52 %)

- Salade grecque
- Pain
- Melon

Dîner (P 13 % L 26 % G 59 %)

- Salade verte légèrement assaisonnée
- Hamburger au steak de lentilles corail
- Salade de fraises

Vous pouvez agrémenter votre salade grecque avec des olives, mais veillez à diminuer l'huile au risque de surcharger votre repas en lipides.

Salade grecque

Roquette, tomates, concombres, feta (fromage de brebis), vinaigrette : 1 c. à s. d'huile d'olive, 1 c. à s. de jus de citron, poivre, sel

Hamburger au steak de lentilles corail

Placez 60 g de lentilles corail, rincées à l'eau, dans 2 fois leur volume d'eau et laissez cuire 15 min à feu moyen. Égouttez. Faites revenir avec un peu d'huile, de l'oignon et du poivron rouge coupés en petits dés. Mélangez les légumes aux lentilles corail et assaisonnez avec du paprika, du curry, du sel et du poivre. Façonnez 1 steak de lentilles (en ajoutant un peu d'œuf si le mélange s'effrite). Faites revenir avec un peu d'huile le steak de lentilles 3 min sur chaque face. Composez votre hamburger avec le steak de lentilles, des rondelles d'oignon rouge, de tomate et des feuilles de salade émincées. Vous pourrez agrémenter votre burger avec du ketchup assaisonné de gingembre, d'ail en poudre et de sauce soja.

JOUR 2

Petit déjeuner (P 15 % L 32 % G 53 %)

- Lait de vache
- Flocons d'avoine
- Oléagineux
- Fruit

Déjeuner (P 14 % L 30 % G 56 %)

- Salade du chef
- 1 banane

Dîner (P 14 % L 31 % G 55 %)

- Tomates farcies au petit épeautre
- 1 compote pomme-cannelle

Pour un petit déjeuner végétalien, le lait de vache peut être remplacé par du lait de soja nature.

La crème fraîche peut être remplacée par de la crème de soja. Elle contient la même teneur en graisses, mais moins d'acides gras saturés (les mauvais…) et pas de cholestérol. Quant au goût, il est assez neutre. Pensez donc à assaisonner vos repas en jouant avec des épices et des aromates !

Salade du chef

Poivrons, maïs, 1 œuf dur, sauce :
1 c. à s. de crème fraîche (15 %), citron, poivre et persil

Tomates farcies au petit épeautre

Faites tremper 75 g de petit épeautre dans un grand volume d'eau froide pendant 1 nuit. Égouttez et faites cuire l'épeautre dans 3 fois son volume d'eau bouillante pendant 20 min. Préchauffez le four à 200 °C (th. 7). Videz 2 grosses tomates. Hachez 1 oignon et 1 gousse d'ail et faites-les revenir avec 1 c. à s. d'huile. Ajoutez le petit épeautre cuit, du basilic et la chair des tomates. Farcissez les tomates avec le mélange épeautre/légumes, recouvrez avec de l'emmental râpé et faites cuire au four pendant 30 min. Servez chaud et dégustez !

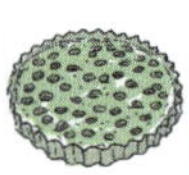

JOUR 3

Petit déjeuner (P 12 % L 29 % G 59 %)

- 1 bol de lait à la framboise
- Toasts à la margarine et à la cassonade

Déjeuner (P 11 % L 30 % G 59 %)

- Tomates cerises à la croque
- Sandwich à l'orientale
- 1 fruit

Dîner (P 12 % L 31 % G 57 %)

- Éventail de tomates mozzarella
- Duo de coquillettes et de poivrons sautés
- 1 abricot

Lait à la framboise

Mixez 1 bol de lait de vache ou de soja avec 1 tasse de framboises surgelées, la chair d'une demi-mangue bien mûre et 1 c. à c. de miel. Servez frais, agrémenté de noix de coco râpée.

Sandwich à l'orientale

Pain, pousses d'épinard émincées, houmous (purée de pois chiches et de tahin)

Éventail de tomates mozzarella

Tomates coupées en fines lamelles, mozzarella en dés, un filet d'huile d'olive

Pour un repas 100 % végétalien, la mozzarella peut être remplacée par des cubes de soja marinés à l'huile et aux herbes de Provence.

JOUR 4

Petit déjeuner (P 11 % L 28 % G 61 %)

- 1 bol de lait
- Muesli
- Oléagineux (amandes, noisettes, noix de cajou…)
- 1 verre de jus d'orange

Déjeuner (P 13 % L 28 % G 59 %)

- Légumes sautés au tofu
- Riz complet en accompagnement
- Ananas

Dîner (P 16 % L 30 % G 54 %)

- Salade verte parsemée de billes de melon
- Omelette forestière
- Pain ou pommes de terre
- Thé à la menthe

Légumes sautés au tofu

Faites précuire à la vapeur pendant 8 min du brocoli et des carottes coupées en lamelles. Dans une poêle, faites revenir dans 1 c. à s. de sauce soja 1 oignon émincé, 1 c. à c. de graines de sésame, de l'ail, du cumin et de la coriandre en poudre. Versez 100 g de tofu fumé coupé en cubes et laissez chauffer quelques minutes. Ajoutez des lamelles de poivrons de différentes couleurs et 1 tomate concassée, une pincée de sucre et une pincée de piment en poudre. Laissez cuire 3 min. Incorporez les légumes vapeur puis servez chaud, agrémenté d'un filet d'huile de sésame.

Salade verte parsemée de billes de melon

Feuilles de mesclun, billes de melon, filet d'huile d'olive

Omelette forestière

2 œufs, 1 c. à s. de crème fraîche ou de soja, 100 g de champignons émincés, sel, poivre et persil

JOUR 5

Petit déjeuner (P 13 % L 31 % G 56 %)

- Thé ou café
- Pain aux céréales tartiné à la purée d'amande
- Yaourt aux dés de banane et noix de coco

Déjeuner (P 11 % L 34 % G 55 %)

- Salade piémontaise
- 1 saucisse de soja
- 1 grappe de raisin

Dîner (P 11 % L 34 % G 55 %)

- Méli-mélo de concombre et de gouda en vinaigrette
- Duo de riz et courgettes sautées
- Oreillons de pêche au coulis frais

Salade piémontaise (sans œufs)

Tomates, pommes de terre, cornichons. Sauce : 1 c. à s. de mayonnaise, 1 c. à s. de citron, 1 c. à c. de vinaigre, 1 pointe de moutarde, sel et poivre

Oreillons de pêche au coulis frais

Faites pocher 1 pêche dans une casserole d'eau bouillante pendant 2 min. Retirez la peau, dénoyautez la pêche puis dressez sur une assiette les moitiés de pêche. Passez 50 g de fraises au mixeur. Nappez-en les oreillons de pêche. Servez-les frais, décorés de feuilles de menthe.

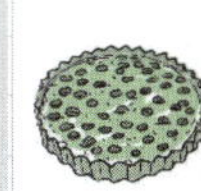

JOUR 6

Petit déjeuner (P 11 % L 28 % G 61 %)

- Thé ou café
- 1 croissant
- 1 laitage
- 1 verre de jus de fruits

Déjeuner (P 16 % L 36 % G 48 %)

- Salade de maïs
- Lasagnes jardinière
- Fruit

Dîner (P 19 % L 28 % G 53 %)

- Poêlée de quinoa aux poivrons
- Salade de fruits

Salade de maïs

- Salade verte
- Grains de maïs
- Un filet d'huile d'olive

Pour un petit déjeuner végétalien, on peut facilement trouver des croissants où le beurre est remplacé par de la margarine ou de l'huile de palme. Mais ils seront industriels et beaucoup moins bons…

Lasagnes jardinière

Faites revenir 1 oignon et 100 g de champignons légèrement mixés avec 1 c. à c. d'huile. Ajoutez de l'origan, du basilic et de l'ail. Mélangez 150 g de coulis de tomates, 1 c. à s. de crème de soja, du cumin et du poivre. Dans un plat à four, alternez 4 feuilles de lasagne précuites du commerce avec la préparation de légumes et le coulis de tomates. Recouvrir d'un mélange de 20 g de parmesan et 20 g d'emmental râpés. Passez au four chaud (th. 6) pendant 15 min.

Poêlée de quinoa aux poivrons

Quinoa, poivrons sautés avec de l'huile et des petits oignons, 30 g de seitan

JOUR 7

Petit déjeuner (P 15 % L 32 % G 53 %)

- Thé ou café
- Pain
- Fromage
- Oléagineux
- Fruit

Le halloumi est un fromage chypriote qui se tient parfaitement au barbecue. Il est fabriqué avec un mélange de lait de chèvre et de brebis.

Déjeuner (P 12 % L 34 % G 54 %)

- Crudités légèrement assaisonnées
- Brochette de halloumi et légumes au barbecue
- Pommes de terre au barbecue et crème de soja aux herbes
- Brochette de fruits (et ses boules de glace… pour les calories plaisir, non comprises dans la répartition globale des calories)

Dîner (P 13 % L 34 % G 53 %)

- Salade aigre-douce
- 1 yaourt nature sucré au miel

Salade aigre-douce

- Cresson ou mâche
- Melon
- Pommes de terre
- 1 œuf
- Assaisonnement : huile, moutarde à l'ancienne, jus de citron et poivre

Vous pouvez également équilibrer vos repas en associant œuf + laitage. Les laitages apportant des protéines, vous diminuerez alors la quantité d'œuf dans votre repas.

Brochette de halloumi et légumes au barbecue

Pelez 1 courgette de façon qu'elle soit rayée puis coupez-la en grosses tranches. Coupez 1 poivron en gros carrés et ½ aubergine en tranches. Faites mariner les morceaux de légumes dans un mélange d'huile, d'eau et d'herbes aromatiques. Réalisez les brochettes en alternant des dés de légumes avec des morceaux de halloumi (60 g) et faites cuire au barbecue pendant 15 min, en retournant régulièrement. Servez chaud.

Mes menus été : semaine 2

Cette semaine, les protéines de soja à réhydrater entrent en scène ! Et rien de mieux en cette saison que de les intégrer à la tomate farcie. Le riz est également à l'honneur. Risotto, green paella… autant de préparations végétariennes et très équilibrées !

JOUR 1

Petit déjeuner (P 17 % L 27 % G 56 %)

- 1 laitage nature
- Céréales
- Oléagineux
- 2 kiwis

Déjeuner (P 14 % L 30 % G 56 %)

- Tomates farcies
- Riz complet et sa noix de margarine
- Fruit

Les végétaliens ne sont pas obligés de remplacer l'emmental râpé, l'équilibre du repas est déjà assuré par les protéines de soja.

Dîner (P 14 % L 35 % G 51 %)

- Salade complète
- 1 compote pommes-fraises

Pour compléter l'apport en fer de vos repas, pensez à saupoudrer vos salades avec du son de blé.

Tomates farcies

Coupez le chapeau d'une grosse tomate à farcir et videz-en l'intérieur. Réhydratez 30 g de protéines de soja dans 2 fois leur volume de bouillon de légumes chaud. Faites revenir avec 1 c. à c. d'huile, 1 oignon et 1 échalote émincés, la chair de la tomate, 1 c. à c. de concentré de tomates, du poivre, des herbes aromatiques, puis 100 g de champignons. Ajoutez les protéines de soja égouttées, mélangez puis mixez. Remplissez la tomate du mélange, saupoudrez avec un peu d'emmental râpé, ajoutez le chapeau. Disposez les tomates farcies dans un plat à four, sur un fond de bouillon de légumes. Préchauffez le four et faites cuire les tomates environ 20 min (th. 6).

Salade complète

- Carottes râpées
- Riz complet
- 1 petite poignée de pignons de pin grillés
- Sauce : crème de soja, citron, aneth
- Seitan grillé

JOUR 2

Petit déjeuner (P 15 % L 31 % G 54 %)

- Porridge
- Salade de fruits
- Oléagineux

Déjeuner (P 14 % L 34 % G 52 %)

- Melon jaune
- Duo de risotto au parmesan et haricots verts
- Banane

Dîner (P 15 % L 36 % G 49 %)

- Mesclun légèrement assaisonné
- Omelette aux épinards
- Pain
- Salade de fruits

Risotto au parmesan

Dans une casserole, faites blondir à feu doux 1 échalote émincée avec de l'huile d'olive, pendant 5 min. Ajoutez si vous le souhaitez des champignons émincés et du vin banc. Ajoutez 1 verre de riz à risotto et remuez jusqu'à ce que les grains deviennent translucides. Faites chauffer 500 ml d'eau dans une casserole et plongez-y un demi-cube de bouillon de légumes. Versez 1 petite louche de bouillon sur le riz et remuez jusqu'à absorption complète par le riz. Recommencez en ajoutant deux verres et demi de bouillon. Laissez cuire en remuant pendant 20 min. Ajoutez 40 g de crème de soja et 40 g de parmesan en poudre et remuez. Poivrez. Servez chaud.

Porridge

Faites bouillir 250 g de lait puis incorporez en pluie 40 g de flocons d'avoine tout en remuant. Baissez le feu et remuez jusqu'à la reprise de l'ébullition. Couvrez et laissez mijoter quelques minutes. Aromatisez avec 1 c. à c. de sucre rapadura (ou roux) et 1 goutte d'extrait de vanille.

Omelette aux épinards

Œufs, épinards surgelés ou frais, crème de soja

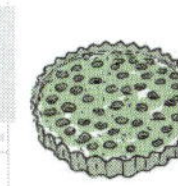

JOUR 3

Petit déjeuner (P 13 % L 36 % G 51 %)

- Thé vert
- Pain
- Fromage
- 1 petite poignée d'abricots secs et d'oléagineux

Déjeuner (P 13 % L 29 % G 58 %)

- Salade marocaine
- Pain
- 1 compote de fruits

Dîner (P 14 % L 36 % G 50 %)

- Crudités en vinaigrette
- Pâtes aux brocolis à l'italienne
- 2 boules de sorbet citron

Salade marocaine

Pois chiches, tomates, concombres, oignons rouges émincés. Sauce : huile d'olive, jus de citron, persil haché

Pâtes aux brocolis à l'italienne

Faites cuire des bouquets de brocoli à l'eau bouillante pendant 5 min. Gardez l'eau de cuisson pour faire cuire les pâtes. Dans une poêle, faites revenir 1 oignon avec de l'huile d'olive, puis ajoutez les brocolis. Laissez cuire en remuant. Servez les pâtes bien chaudes recouvertes des légumes et saupoudrées de parmesan et de piment.

JOUR 4

Petit déjeuner (P 14 % L 34 % G 52 %)

- Flocons d'avoine au sirop d'érable
- 1 poignée d'oléagineux
- Salade de fruits

Déjeuner (P 12 % L 37 % G 51 %)

- Taboulé du Maghreb
- 1 compote pomme-framboise

Dîner (P 13 % L 37 % G 50 %)

- 1 steak de soja grillé
- Duo de haricots vert et maïs
- Beurre
- 1 pêche plate

Flocons d'avoine au sirop d'érable

Dans une casserole, mélangez du lait avec des flocons d'avoine et laissez cuire 5 min en remuant de temps en temps. Laissez reposer puis ajoutez 1 à 2 c. à c. de sirop d'érable. Mélangez et dégustez !

Taboulé du Maghreb

Mixez 1 tomate et ½ concombre avec de l'oignon. Dans ce jus de légumes, ajoutez 1 c. à s. d'huile d'olive, du citron, du persil, de la coriandre et de la menthe ciselée ainsi que du piment. Versez le boulgour cru dans ce mélange, couvrez et laissez au réfrigérateur 1 h. Servez le taboulé avec du poivron coupé en dés, 1 carotte râpée et du fromage de chèvre en dés. Servez frais.

Attention aux autres steaks à base de céréales : leur teneur en protéines est trop faible et ne permettra pas d'équilibrer votre repas. Vous les consommerez alors comme des féculents et non des protéines.

JOUR 5

Petit déjeuner (P 11 % L 34 % G 55 %)

- Thé noir
- Pain
- Beurre
- Yaourt nature de soja
- 1 petit verre de jus de fruits

Déjeuner (P 12 % L 36 % G 52 %)

- Œufs sur le plat
- Poêlée de légumes à l'huile de tournesol
- Pain aux céréales
- 1 nectarine blanche

Dîner (P 11 % L 37 % G 52 %)

- Mesclun de salade en vinaigrette
- Boulettes de feta aux poivrons rouges
- 1 banane

Pour une recette 100 % végétalienne, la feta peut être remplacée par du tofu.

Boulettes de feta aux poivrons rouges

Coupez les poivrons en petits dés et faites-les griller à la poêle quelques minutes avec de l'huile d'olive. Faites tremper du boulgour dans un mélange de jus de citron et d'eau pendant 1 h. Émiettez la feta, ciselez du persil et grattez 1 gousse d'ail puis mélangez le tout avec le boulgour et les dés de poivron grillés. Formez des boulettes, saupoudrez de farine puis faites griller les boulettes à feu moyen avec un filet d'huile d'olive.

JOUR 6

(P 11 % L 34 % G 55 %) Petit déjeuner

- Thé ou café
- Pan con tomate
- 1 yaourt brassé
- Melon jaune

(P 14 % L 33 % G 53 %) Déjeuner

- Salade orange
- Fruit

(P 14 % L 25 % G 61 %) Dîner

- Radis roses à la croque et sa noisette de beurre
- Poêlée de blé, légumes et seitan
- Clafoutis à la pêche

Pan con tomate

Passez le pain au grille-pain. Pelez 1 tomate et mixez-la avec de l'ail pressé, du sel, du poivre et 1 c. à s. d'huile d'olive. Tartinez le pain et servez aussitôt !

Salade orange

- Salade verte
- Billes de melon
- Pâtes
- Gouda
- Vinaigrette au safran : huile d'olive, jus de citron, sauce soja, safran et poivre

Clafoutis aux cerises (pour 6 personnes)

Mélangez 100 g de farine, 60 g de sucre, 1 sachet de sucre vanillé et une pincée de sel. Ajoutez petit à petit 4 œufs, puis 200 g de lait, 40 g de beurre demi-sel fondu. Placez 500 g de pêches coupées en morceaux dans un plat beurré puis versez la préparation. Faire cuire 10 min au four à 210° C (th. 7), puis 20 min à 180° C (th. 6).

Le pourcentage de sucre est élevé dans ce repas, compte tenu du sucre dans la recette du clafoutis... Eh oui, l'équilibre alimentaire tolère des calories « plaisir » de temps en temps !

JOUR 7

(P 11 % L 37 % G 52 %) Petit déjeuner

- Café ou thé
- Pain beurré
- Fromage
- Salade de fruits

(P 12 % L 33 % G 55 %) Déjeuner

- Salade verte assaisonnée et oignons rouges émincés
- Green paella
- Brochette de fruits

(P 11 % L 37 % G 52 %) Dîner

- Salade de chèvre
- Coupe de fraises

Green paella

Faites revenir dans une grande poêle, avec de l'huile d'olive, 1 oignon et 2 gousses d'ail mixées. Ajoutez des poivrons coupés en dés et laissez cuire quelques minutes. Ajoutez des champignons émincés, des petits pois (frais, précuits ou surgelés), des tomates concassées et du riz rond (la quantité à ajouter est fonction de vos besoins nutritionnels, définis p. 42). Ajoutez un peu de safran et laissez dorer le riz. Mouillez à hauteur avec du bouillon de légumes et laissez cuire à feu doux pendant 15 à 20 min en surveillant la cuisson. Ajoutez le tofu coupé en dés et laissez cuire 5 min. Servez chaud, décoré de persil ciselé.

Salade de chèvre

- Tomates
- Concombre
- Quinoa
- Fromage de chèvre
- Huile

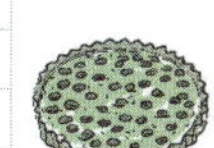

Mes menus été : semaine 3

Cette semaine, vous allez vous régaler avec un crumble de légumes, des brochettes de seitan et du smoothie, entre autres ! Et pour vous mettre les enfants dans la poche, rendez-vous dimanche pour un steak-frites végétarien qu'ils ne sont pas près d'oublier !

JOUR 1

Petit déjeuner (P 12 % L 37 % G 51 %)

- Thé vert à la menthe
- Tartines de pain au beurre d'arachide
- Mélange de yaourt de brebis et dés de fraise

Déjeuner (P 13 % L 35 % G 52 %)

- Crumble de courgettes
- Riz parfumé
- Abricots

Dîner (P 11 % L 35 % G 54 %)

- Salade tex-mex
- Pomme golden

Les olives sont des oléagineux, ils apportent donc des lipides (graisses) à votre repas. Ces lipides sont de bonnes graisses végétales, mais attention de ne pas en abuser, au risque de modifier l'équilibre de votre repas !

Crumble de courgettes

Râpez 2 courgettes. Faites fondre 1 échalote émincée dans une poêle avec un peu d'huile, ajoutez les courgettes et laissez cuire 5 min. Ajoutez des tomates concassées et poursuivez la cuisson 5 min. Dans un bol, mélangez 15 g de beurre, 15 g de farine et du parmesan (quantité à définir en fonction de vos besoins nutritionnels, voir p. 42). Disposez le mélange de légumes dans un plat à four et recouvrez de pâtes à base de parmesan. Faites cuire à four chaud (180 °C, th. 6) pendant 20 min.

Salade tex-mex

- Carottes râpées
- Haricots rouges
- Maïs
- Olives noires
- Vinaigrette

JOUR 2

Petit déjeuner (P 16 % L 32 % G 52 %)

- Café ou thé
- 1 yaourt nature
- Mélange de céréales nature, oléagineux et raisins secs

Déjeuner (P 12 % L 35 % G 53 %)

- Salade estivale
- Nectarine jaune

Salade estivale

- Melon
- Riz
- Tofu mariné puis poêlé à l'huile d'olive
- Marinade : 1 c. à s. d'huile, 2 c. à s. de sauce soja, 1 c. à c. de moutarde, ail et herbes de Provence

Dîner (P 14 % L 33 % G 53 %)

- Crudités légèrement assaisonnées
- Pâtes complètes, sauce aubergine
- Ananas

Pâtes complètes, sauce aubergine

Faites revenir ½ aubergine coupée en cubes avec de l'huile d'olive à feu vif, pendant 5 min. Ajoutez de l'ail, couvrez, baissez le feu et laissez cuire 10 min. Ajoutez du basilic ciselé, quelques tomates cerises coupées en deux et du poivre, et laissez mijoter quelques minutes. Faites cuire les pâtes complètes dans un grand volume d'eau bouillante. Servez les pâtes recouvertes de la préparation à l'aubergine et parsemez d'emmental râpé.

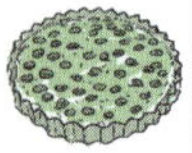

JOUR 3

(P 11 % L 30 % G 59 %) Petit déjeuner

- Thé ou tisane
- Pain beurré
- Smoothie à la pêche

Smoothie à la pêche

Pelez et découpez en morceaux 1 pêche. Mixez les morceaux de pêche avec une dizaine de fraises, 1 yaourt nature, 1 glaçon et 1 c. à c. de miel. Dégustez frais.

(P 16 % L 32 % G 52 %) Déjeuner

- Omelette aux courgettes
- Pain
- ½ mangue

Omelette aux courgettes

- Œufs
- Courgettes et oignons sautés

(P 14 % L 33 % G 53 %) Dîner

- Poêlée de blé, poivrons et tempeh pané
- Banane

Pour améliorer la texture et le goût du tempeh, pensez à le faire mariner et à le servir pané avec de la chapelure.

JOUR 4

(P 16 % L 34 % G 50 %) Petit déjeuner

- Thé ou café
- Lait de soja
- Céréales et oléagineux
- ½ pamplemousse

Bon à savoir : 150 g de lait de soja nature suffisent à l'équilibre de votre petit déjeuner.

(P 14 % L 33 % G 53 %) Déjeuner

- Salade de pommes de terre aux copeaux de parmesan
- Sorbet au melon

Sorbet au melon

Réduisez en purée 150 g de melon et 50 g d'ananas puis mélangez le tout à 10 g de sucre glace délayé avec le jus d'un demi-citron. Fouettez 30 g de crème fraîche fleurette en chantilly et ajoutez-la délicatement à la préparation de fruits. Laissez au congélateur 4 h. Servez décoré de feuilles de menthe.

(P 16 % L 26 % G 58 %) Dîner

- Tomates en salade
- Brochette de seitan
- Boulgour
- Pêche

Brochette de seitan

Préparez des carrés de poivron et des grosses rondelles de courgette. Coupez en cubes le seitan et réalisez vos brochettes en alternant ces ingrédients avec des oignons frais. Assaisonnez vos brochettes avec du sel, du poivre, du curry et un filet d'huile d'olive. Faites cuire vos brochettes au barbecue, 3 min par côté, et dégustez-les aromatisées de sauce soja.

JOUR 5

(P 11 % L 37 % G 52 %) Petit déjeuner

- Thé ou café
- Pain grillé beurré
- Fromage
- 1 brugnon

Salade poulette

- Œufs durs
- Haricots verts
- Maïs
- Échalote
- Vinaigrette

(P 14 % L 34 % G 52 %) Déjeuner

- Salade poulette
- Salade de fruits

(P 15 % L 32 % G 53 %) Dîner

- Protéines de soja saveur asiatique
- Riz
- Abricots

Protéines de soja saveur asiatique

Faites mariner pendant 1 h des protéines de soja et des dés de poivron dans un mélange d'eau, de sauce soja, d'huile d'olive, de gingembre et d'ail en poudre et 1 c. à c. de graines de sésame grillées. Versez la marinade, les poivrons et les protéines de soja dans une sauteuse bien chaude. Ajoutez un petit verre d'eau et 1 c. à s. de sucre de canne complet, puis laissez chauffer à petit bouillon pendant 10 min. Servez chaud, accompagné du riz.

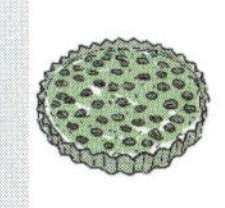

JOUR 6

Petit déjeuner (P 16 % L 32 % G 52 %)

- Thé ou café
- 1 laitage nature
- Céréales et fraises en morceaux
- 1 petite poignée de noix fraîches

Déjeuner (P 12 % L 38 % G 50 %)

- Mesclun en vinaigrette
- Poivrons farcis au riz et aux champignons
- 1 coupelle de fruits rouges

Dîner (P 15 % L 32 % L 33 %)

- Carottes râpées en salade
- 1 steak de soja grillé
- Pâtes multicolores à la margarine
- Pastèque

Pour une recette végétalienne, le fromage râpé peut être remplacé par du tofu ou des protéines de soja à réhydrater.

Poivrons farcis au riz et aux champignons

Ôtez le chapeau d'un poivron rouge et videz-le. Faites cuire du riz complet dans un grand volume d'eau aromatisée avec 1 cube de bouillon de légumes. Faites revenir avec du beurre 1 oignon émincé et de l'ail haché, puis ajoutez le riz cuit et des champignons émincés. Versez une partie du bouillon en remuant agrémenté d'une pointe de curry. Laissez cuire jusqu'à absorption complète. Remplissez le poivron avec le riz aux champignons, recouvrez de fromage râpé et enfournez 20 min à four préchauffé (180 °C ; th. 6).

Afin de limiter l'apport de produits d'origine animale, remplacez vos cubes de bouillon de poulet, volaille, bœuf et autres, par des cubes de bouillon de légumes.

JOUR 7

Petit déjeuner (P 11 % L 36 % G 53 %)

- Thé ou café
- Pain beurré
- 1 œuf à la coque
- ½ pamplemousse

Pour être le roi (ou la reine) de l'organisation, préparez plusieurs steaks et congelez-les pour une utilisation future !

Déjeuner (P 11 % L 30 % G 59 %)

- Salade verte légèrement assaisonnée
- Steak haché végétal maison
- Frites au four (bien moins grasses qu'à la friteuse)
- Melon jaune

Dîner (P 14 % L 34 % G 52 %)

- Salade auvergnate
- Prunes rouges

Steak haché végétal maison (pour 2 personnes)

Préchauffez votre four à 180 °C (th. 6). Mixez 1 œuf, ½ betterave rouge cuite, ½ boîte de haricots rouges égouttés, 1 gousse d'ail et 1 c. à c. d'huile. Assaisonnez avec du sel et du poivre. Faites 2 boules avec le mélange et écrasez-les pour les aplatir en forme de steak. Placez les steaks sur une plaque recouverte de film cuisson et laissez cuire au four pendant 20 min.

Salade auvergnate

- Salade verte
- Tomates
- Pommes de terre
- Cantal
- Vinaigrette

Mes menus été : semaine 4

Pour clôturer l'été en beauté, je vous emmène au bord de la Méditerranée ! Sandwich au pain pita, salade de légumineuses à la grecque, tian aux légumes du soleil, hamburger à la provençale, et bien sûr le couscous ! Autant de repas végétariens toujours équilibrés ! Bon appétit !

JOUR 1

Petit déjeuner (P 11 % L 30 % G 59 %)

- Thé ou café
- Pain de maïs beurré
- 1 laitage nature sucré au miel
- 1 verre de jus de fruits

Déjeuner (P 14 % L 35 % G 51 %)

- Sandwich pita au tofu
- Billes de melon

Dîner (P 12 % L 32 % G 56 %)

- Poêlée de petit épeautre et légumes d'été sautés
- 1 faisselle sucrée au sirop d'érable
- 1 poignée de cerises

Sandwich pita au tofu

Préparez la mayonnaise en mixant 40 g de tofu soyeux, 1 pointe de moutarde, 1 c. à s. d'huile de colza, du sel, du poivre et du curcuma. Faites revenir 40 g de tofu nature coupé en lamelles avec un filet d'huile d'olive et de sauce soja. Mélangez le tofu poêlé, la mayonnaise, 1 c. à s. de carotte râpée, de l'oignon émincé et quelques feuilles de menthe. Disposez cette préparation dans un pain pita et agrémentez de rondelles de tomate et de quelques feuilles de mâche.

Le petit épeautre étant une céréale riche en protéines, un laitage suffit à l'équilibre du repas. Pas besoin de fromage, ce qui évite de surcharger votre ration avec du gras.

Ce sandwich sera aussi délicieux avec des graines germées (alfalfa, radis…) !

JOUR 2

Petit déjeuner (P 12 % L 31 % G 57 %)

- Café
- Toasts à l'œuf brouillé
- Salade de fruits

Déjeuner (P 17 % L 31 % G 52 %)

- Salade de légumineuses à la grecque
- 1 nectarine

Dîner (P 12 % L 31 % G 57 %)

- Tian de légumes du soleil au tofu
- Pain
- 1 banane

Pour un repas végétalien, vous trouverez du tofu à l'arôme de fromage de chèvre qui remplacera la feta dans votre salade.

Salade de légumineuses à la grecque

- Pois chiches cuits
- Fèves cuites
- Concombre
- Oignons rouges émincés
- Feta coupée en dés
- Vinaigrette : huile d'olive, citron, poivre, persil frais haché

Dans ce repas, vous remarquerez que la feta fait office de protéines, et les légumes secs de sucres lents. L'équilibre des cinq éléments dans l'assiette est bien respecté mais le taux de protéines du repas est donc important.

Tian de légumes du soleil au tofu

Préchauffez votre four à 210 °C (th. 7). Lavez et coupez en fines rondelles 1 tomate, ½ courgette et ½ aubergine. Coupez le tofu soyeux en fines tranches. Dans un plat à gratin, huilé et frotté à l'ail, disposez les rondelles de légume et les tranches de tofu en les alternant. Vaporisez d'huile d'olive et parsemez d'herbes de Provence. Faites cuire au four 20 min et servez chaud.

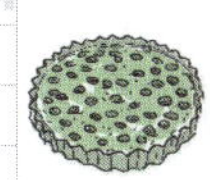

JOUR 3

Petit déjeuner
(P 15 % L 30 % G 55 %)

- 1 bol de lait avec du muesli nature
- 1 orange en quartiers
- Une poignée d'oléagineux (amandes, noisettes, noix…)

Choisissez des céréales nature, vous les agrémenterez vous-même avec un mélange d'oléagineux. Vous aurez ainsi un meilleur équilibre qu'en achetant des céréales déjà toutes mélangées du commerce.

Déjeuner
(P 12 % L 33 % G 55 %)

- Légumes à l'orientale grillés au barbecue
- Pain
- Fromage
- Salade de melon et pastèque

Légumes à l'orientale grillés au barbecue

Sur un carré d'aluminium, placez des rondelles de carotte, des pois mange-tout et des champignons. Assaisonnez vos légumes avec une noix de margarine, de l'oignon émincé, du gingembre en poudre, de l'ail et des graines de sésame. Fermez la papillote de façon hermétique et posez-la sur la grille du barbecue. Laissez cuire 10 min. Servez chaud, mais attention au risque de brûlure en ouvrant la papillote !

Dîner
(P 11 % L 38 % G 51 %)

- Salade niçoise
- 1 yaourt nature et des dés de pêche fraîche

Salade niçoise

- Tomates
- Riz
- 1 œuf dur
- Olives
- Vinaigrette

Les olives étant riches en lipides, pour éviter un repas trop gras et donc non équilibré, diminuez la quantité d'huile et d'œuf, et complétez le besoin en protéines avec 1 laitage demi-écrémé.

JOUR 4

Petit déjeuner
(P 11 % L 37 % G 52 %)

- Thé ou café
- Pain beurré et fromage
- 1 verre de jus de fruit

Ici aussi, les petits pois font office de sucres lents.

Déjeuner
(P 14 % L 34 % G 52 %)

- Duo de tomates et avocat assaisonnés
- Duo de petits pois-carottes et seitan grillé
- Duo de pêches et d'abricots

Dîner
(P 14 % L 33 % G 53 %)

- Salade verte légèrement assaisonnée
- Hamburger à la provençale
- Papaye

Les végétaliens préféreront la tapenade verte à la noire, qui contient des anchois. Lisez bien les étiquettes !

Hamburger à la provençale

Dans un premier temps, réalisez les steaks en mixant le seitan égoutté avec 1 c. à c. de câpres, quelques morceaux de tomate séchée à l'huile d'olive, ½ gousse d'ail, des feuilles de basilic, du sel, du poivre et ½ biscotte. Formez une boule avec le mélange puis aplatissez-la pour obtenir la forme d'un steak haché. Faites cuire votre steak végétal à la poêle avec un filet d'huile d'olive, 5 min de chaque côté. Réalisez votre hamburger en l'agrémentant de rondelles de tomate, de feuilles de basilic et et de tapenade.

JOUR 5

Petit déjeuner (P 13 % L 34 % G 53 %)

- Thé
- Porridge au quinoa, morceaux de fraise, amandes et miel

Porridge au quinoa

Faites chauffer 1 tasse de lait dans une casserole puis ajoutez les flocons de quinoa. Laissez cuire 5 min en remuant.

Le quinoa étant une céréale, vous en consommerez la quantité définie p. 40 (tableau des petits déjeuners).

Déjeuner (P 15 % L 35 % G 50 %)

- Salade de pâtes au curry
- 1 pomme golden

Salade de pâtes au curry

Faites mariner le tofu coupé en morceaux dans un mélange de crème de soja, de curry en poudre (ou pâte de curry), de jus de citron et une pincée de sel. Préparez la salade : coupez 1 tomate en dés et mélangez ces derniers à des pâtes préalablement cuites et refroidies. Ajoutez de l'échalote hachée, 1 c. à s. de pignons de pin, le tofu et arrosez le tout avec la marinade. Servez bien frais !

Dîner (P 15 % L 34 % G 51 %)

- Salade verte assaisonnée
- Omelette aux poivrons grillés
- Pain
- 1 verre de jus d'orange pressé

Omelette aux poivrons grillés

- Œufs
- Poivrons et oignons grillés

JOUR 6

Petit déjeuner (P 11 % L 31 % G 58 %)

- Café au lait
- Toasts à la margarine et au sucre rapadura
- 1 compote pomme-fraises

Déjeuner (P 13 % L 27 % G 60 %)

- Couscous
- Salade d'orange à la cannelle

Couscous

Dans une cocotte, faites fondre de l'oignon et de l'ail haché avec de l'huile d'olive. Ajoutez des carottes en rondelles et des navets en morceaux. Ajoutez des épices à couscous (ras al-hanout ou autre mélange d'épices à couscous) et recouvrez d'eau. Couvrez la cocotte et laissez cuire 15 min. Ajoutez des courgettes et des tomates (préalablement épluchées) en morceaux, des pois chiches cuits et de la coriandre. Couvrez et laissez cuire 20 min.

Préparez la semoule : placez la semoule dans un saladier et ajoutez le même volume d'eau bouillante. Couvrez et laissez reposer 5 min. Égrainez la semoule et servez-la avec la préparation de légumes, des raisins secs et du persil ciselé en décoration.

Dîner (P 12 % L 38 % G 50 %)

- Salade fraîcheur
- Nectarine jaune

Comme tous les repas équilibrés en protéines avec l'association céréales et légumes secs, le couscous est un repas un peu plus riche en glucides. Veillez à ne pas trop sucrer votre thé à la menthe en dessert !

Salade fraîcheur

- Concombre
- Melon
- Pommes de terre
- Emmental râpé
- Huile d'olive

JOUR 7

Petit déjeuner (P 16 % L 31 % G 53 %)

- Thé ou café
- 1 bol de fromage blanc aux céréales et aux pignons de pin
- 1 verre de jus de fruits

Salade champêtre

- Tomates
- Poivrons
- Blé
- Seitan grillé
- Vinaigrette

Déjeuner (P 15 % L 29 % G 56 %)

- Salade champêtre
- Pastèque

Dîner (P 14 % L 33 % G 53 %)

- Salade verte assaisonnée
- Gratin de légumes au tofu
- Pain
- Salade de fruits

Gratin de légumes au tofu

Préchauffez votre four à 180 °C (th. 6). Faites sauter dans une poêle des courgettes en rondelles et des poivrons émincés avec un filet d'huile d'olive, pendant 10 min. Salez et poivrez les légumes. Mixez ½ gousse d'ail. Ajoutez le tofu soyeux, 1 c. à c. de moutarde, des herbes aromatiques et mixez à nouveau. Ajoutez la préparation de tofu soyeux et faites cuire pendant 30 min.

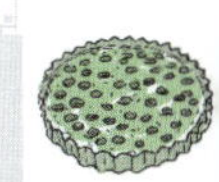

Mes menus automne : semaine 1

Et voilà l'automne ! Encore un peu de changement dans l'assiette ! Les courges, les poires et les champignons font leur apparition. Alors, on en profite : en smoothie, en gratin, en burger… En automne, on se régale !

JOUR 1

Petit déjeuner (P 13 % L 28 % G 59 %)

- Thé ou café
- Pain au maïs beurré
- Smoothie à la poire

Smoothie à la poire

Épluchez 1 poire et coupez-la en morceaux. Mixez les morceaux de fruit avec 1 verre de lait et 1 c. à c. de miel. Servez très frais !

Déjeuner (P 14 % L 39 % G 47 %)

- Endives en vinaigrette
- Omelette aux poivrons
- Quinoa
- 1 poignée de raisins

Omelette aux poivrons

Faites sauter des dés de poivron et des lamelles d'oignon avec 1 c. à c. d'huile. Battez 2 œufs en omelette, salez et poivrez. Ajoutez les œufs battus aux légumes sautés, baissez le feu, couvrez et laissez cuire 8 à 10 min.

Pour un repas 100 % végétal, vous pouvez remplacer le yaourt de brebis par un yaourt au lait de soja nature.

Dîner (P 12 % L 29 % G 59 %)

- Salade de mâche à l'huile d'olive
- Steak libanais à la sauce sésame
- 2 mandarines

Steak libanais à la sauce sésame

Mixez 100 g de fèves cuites, 80 g de pois chiches appertisés, 25 g de farine de pois chiche, ½ oignon émincé, des brins de coriandre, une pointe de cumin en poudre et du sel. Façonnez 1 steak et saupoudrez-le de graines de sésame. Faites chauffer votre steak dans une poêle avec de l'huile de sésame, 3 min de chaque côté, à feu vif.

Pour la sauce : battez 1 yaourt de brebis avec 1 c. à s. de sésame, 1 c. à c. rase de cumin en poudre et 1 c. à c. de sauce soja.

JOUR 2

Petit déjeuner (P 13 % L 38 % G 49 %)

- Thé vert
- Pain
- Fromage
- 1 petite poignée d'oléagineux
- 3 figues sèches

Les légumes secs étant riches en protéines, 1 œuf suffit à équilibrer le repas en protéines.

Déjeuner (P 22 % L 28 % G 50 %)

- Salade multicolore
- 1 pomme Jonagold

Salade multicolore

Mélangez des haricots rouges, blancs et noirs. Détaillez 1 tomate et ½ poivron jaune en cubes. Faites cuire 1 œuf dur. Mélangez tous les ingrédients. Préparez la sauce : mélangez 1 grosse c. à s. de crème fraîche, 1 c. à s. de vinaigre balsamique, 1 pincée de poivre et 2 gouttes de Tabasco. Servez la salade recouverte de sauce et décorée de coriandre ciselée.

Dîner (P 12 % L 29 % G 59 %)

- Steak de soja grillé
- Duo de pâtes et champignons à la crème
- Poire sauce chocolat

Poire sauce chocolat

Faites pocher 1 petite poire entière. Laissez fondre 2 carrés de chocolat noir au bain-marie puis ajoutez 1 c. à c. de crème fraîche (15 %). Mélangez le tout. Dressez la poire sur une assiette de service et nappez-la de sauce au chocolat.

JOUR 3

Petit déjeuner (P 11 % L 33 % G 56 %)

- Thé ou café
- Céréales
- 1 yaourt sucré à la cassonade
- Oléagineux
- 1 verre de jus de fruits

Si vous choisissez un jus de fruits du commerce, n'hésitez pas à comparer les étiquettes afin de choisir le moins sucré !

Déjeuner (P13 % L 31 % G 56 %)

- Sandwich aux pommes caramélisées
- 1 banane

Sandwich aux pommes caramélisées

Dans une poêle, faites fondre une noisette de beurre. Ajoutez 1 pomme coupée en fines lamelles, saupoudrez de sucre et laissez caraméliser. Tapissez le pain avec les pommes caramélisées, ajoutez des feuilles de salade, du cheddar et du poivre. Faites griller votre sandwich dans un gril à panini, à la poêle ou au four.

Dîner (P 10 % L 34 % G 56 %)

- Duo de quinoa et de légumes poêlés
- Crème à l'œuf
- 1 pomme royal gala

Crème à l'oeuf

Faites bouillir 1 verre de lait et 1 c. à s. de crème liquide avec 1 c. à c. d'extrait de vanille. Mélangez 1 œuf avec 25 g de sucre puis incorporez le lait. Faites cuire la crème au four, à 120 °C (th. 4) pendant 30 min. Servez froid.

JOUR 4

Petit déjeuner (P 12 % L 28 % G 60 %)

- Lait au chocolat
- Tartines de pain complet beurrées
- Une poignée de raisins blancs

Salade parisienne

- Feuilles de salade (variété sucrine)
- Champignons de Paris émincés
- Riz rouge
- Fromage
- Vinaigrette

Déjeuner (P 12 % L 36 % G 52 %)

- Salade parisienne
- 1 fruit

Pour un meilleur apport nutritionnel, pensez à saupoudrer vos salades avec du son de blé !

Dîner (P 13 % L 34 % G 53 %)

- Salade verte légèrement assaisonnée
- Gratin de courges et pommes de terre
- 2 prunes

Gratin de courges et pommes de terre

Préchauffez le four à 180 °C (th. 6). Faites précuire à la vapeur du potimarron et des pommes de terre coupés en cubes. Hachez finement de l'oignon et de l'ail. Faites revenir ce mélange dans une casserole avec une noisette de margarine. Ajoutez 1 c. à s. de farine et remuez. Ajoutez 100 g de tofu soyeux délayé avec un demi-verre de lait de soja et une pincée de noix de muscade en poudre. Portez à ébullition à feu moyen en remuant énergiquement. Disposez les légumes dans un plat à gratin et recouvrez de la béchamel. Saupoudrez votre gratin de chapelure et passez au four 20 min. Servez chaud.

JOUR 5

Petit déjeuner (P 11 % L 39 % G 50 %)

- Ricorée au lait
- Baguette aux graines de pavot beurrée
- 1 petite poignée d'oléagineux
- 1 pomme

Déjeuner (P 13 % L 28 % G 59 %)

- Duo de mesclun et avocat légèrement assaisonné
- Soupe méditerranéenne
- Pain
- Fruit

Soupe méditerranéenne

Épluchez et coupez en petits dés ⅓ d'oignon, ⅓ de carotte et ⅓ de branche de céleri. Frottez ½ gousse d'ail. Faites revenir le tout pendant quelques minutes dans une casserole. Ajoutez les pois cassés (selon le grammage de vos besoins nutritionnels en protéines) et 3 fois le même volume de bouillon de légumes. Couvrez et laissez mijoter 40 min en remuant de temps en temps. Mixez et servez chaud.

Dîner (P 11 % L 38 % G 51 %)

- Salade d'endives
- Hot-dog à la saucisse de soja et au ketchup
- Brochette de fruits

JOUR 6

Petit déjeuner (P 13 % L 34 % G 53 %)

- Thé ou café
- Pain beurré
- 1 fromage blanc mélangé à de la compote

Pour une recette végétalienne, vous pouvez remplacer le cheddar par un steak végétal à base de légumes secs proposé dans les recettes précédentes.

Déjeuner (P 13 % L 38 % G 49 %)

- Salade verte légèrement assaisonnée
- Veggie burger d'automne
- 1 pomme pink lady

Veggie burger d'automne

Faites cuire 1 gros champignon de Paris entier dans une poêle avec un filet d'huile d'olive. Faites de même avec de fines rondelles de carotte et de panais. Préparez la sauce : mixez ¼ de gousse d'ail, 1 c. à s. de tofu soyeux, une pointe de moutarde, une pincée de curcuma, quelques gouttes de vinaigre de cidre et d'huile d'olive, du sel et du poivre. Préparez votre veggie burger en plaçant sur le pain les légumes poêlés, du cheddar en tranches et la sauce. Faites griller au four quelques minutes et servez chaud.

Dîner (P 12 % L 31 % G 57 %)

- Soupe de légumes
- 2 œufs à la coque
- Toasts beurrés
- Ananas rôti

Ananas rôti

Préchauffez votre four à 180 °C (th. 6). Dans une casserole, faites fondre 25 g de sucre avec quelques gouttes d'eau, du gingembre frais haché et des graines de gousse de vanille, de façon à faire un caramel. Dès qu'il prend, passez votre caramel sous un filet d'eau froide pour l'« éteindre » et pour qu'il garde une consistance liquide. Placez ¼ d'ananas épluché dans un plat à four et recouvrez-le de caramel. Passez au four pendant 30 min, en l'arrosant de temps en temps. Laissez refroidir et servez l'ananas rôti froid.

JOUR 7

Petit déjeuner (P 10 % L 37 % G 53 %)

- Thé ou café
- Pain à l'épeautre tartiné au beurre d'arachide
- 1 faisselle sucrée avec 1 c. à c. de confiture
- 1 verre de jus de fruits

Pour une recette végétalienne, vous pouvez remplacer la crème fraîche par de la crème de soja, sans modifier l'équilibre de votre repas.

L'équilibre du repas est ici assuré par le tofu ET le fromage. Vous diviserez donc par deux les quantités nécessaires, définies p. 40 et 41.

Déjeuner (P 16 % L 33 % G 51 %)

- Steak de soja grillé
- Brochette de champignons
- Pommes de terre en papier d'aluminium au four, à la crème et aux herbes
- Compote pommes-cannelle

Brochette de champignons

Coupez les pieds de 10 champignons (de Paris, ou bien des morilles, des pleurotes ou des chanterelles), lavez-les et essuyez-les. Faites-les mariner dans un mélange d'huile d'olive, d'ail émincé, de coriandre et de persil haché. Préchauffez votre four à 180 °C (th. 6). Enfilez les champignons sur des brochettes et faites cuire ces dernières au four, pendant quelques minutes, en badigeonnant les champignons de temps en temps avec la marinade. Servez chaud.

Dîner (P 12 % L 32 % G 56 %)

- Salade verte légèrement assaisonnée
- Gratin d'automne au tofu
- 1 coupelle de raisins noirs et blancs

Gratin d'automne au tofu

Préchauffez le four à 210 °C (th. 7). Faites précuire à la vapeur du potimarron et des pommes de terre coupés en cubes. Faites sauter le tofu ferme coupé en lanières dans une poêle avec un filet d'huile d'olive et des lamelles d'oignon. Écrasez les cubes de potimarron et de pommes de terre en purée en y ajoutant un peu de bouillon de légumes, 1 c. à s. de crème de soja, une pointe de cannelle, du sel et du poivre. Disposez le tofu et les oignons dans un ramequin adapté à la cuisson au four, puis ajoutez la purée de légumes. Recouvrez de comté râpé et faites gratiner au four pendant 10 à 15 min.

Mes menus automne : semaine 2

Cette semaine, c'est champignons party ! En salade, en pâté, en carbonara, en omelette… tout est bon dans le champignon !

JOUR 1

Petit déjeuner (P 13 % L 29 % G 58 %)

- Thé ou café
- Porridge pomme-cannelle
- Une petite poignée d'amandes et de noix de cajou

Porridge pomme-cannelle

Épluchez puis râpez grossièrement 1 pomme boskoop. Portez à ébullition l'équivalent d'un mug de lait, ajoutez les flocons d'avoine, 1 c. à c. de miel et laissez cuire quelques minutes en remuant. Ajoutez la pomme râpée et continuez la cuisson pendant 3 min à feu doux. Assaisonnez votre porridge avec du miel en fonction de votre goût. Servez tiède.

Déjeuner (P 14 % L 30 % G 56 %)

- Salade mixte d'automne
- 1 banane

Salade mixte d'automne

- Champignons émincés
- Riz complet
- Maïs
- Lamelles de seitan grillées
- Vinaigrette

Le kaki est un fruit plutôt sucré. Il est riche en carotène, en vitamine C et en lycopène, un antioxydant qui a un rôle protecteur contre les maladies cardio-vasculaires et les cancers. Un peu de culture générale ? C'est le fruit du plaqueminier…

Dîner (P 12 % L 31 % G 57 %)

- Duo d'émincé de poireaux sauté et de quinoa
- Smoothie au kaki

Smoothie au kaki

Lavez, épluchez et coupez en cubes 1 kaki. Mixez les cubes de kaki avec 1 yaourt et 1 c. à c. de sucre vanillé. Ajoutez de la glace pilée, mélangez et servez frais.

Le quinoa étant une céréale riche en protéines de bonne qualité, un laitage suffit à l'équilibre du repas.

JOUR 2

Petit déjeuner (P 12 % L 30 % G 58 %)

- Thé ou café
- Pain beurré
- Fromage blanc au sirop d'érable
- 2 mandarines

Déjeuner (P 14 % L 29 % G 57 %)

- Sandwich au pâté végétal
- Fruit

Sandwich au pâté végétal

Faites cuire 50 g de lentilles dans 3 fois le même volume d'un bouillon de légumes pendant 20 min. Mixez ¼ d'oignon et ¼ de gousse d'ail et faites revenir ce mélange avec 1 c. à c. d'huile d'olive. Ajoutez 100 g de champignons nettoyés et émincés et laissez cuire quelques minutes. Ajoutez les lentilles cuites (et égouttées) puis mixez le mélange avec du thym et une pincée de noix de muscade en poudre. Versez dans un moule (type mini-cake ou financier) et réfrigérez pendant plusieurs heures. Préparez le sandwich avec du pain, de la margarine, le pâté végétal, des lamelles d'avocat et des feuilles d'endive émincées.

Dîner (P 10 % L 36 % G 54 %)

- Salade de chèvre aux raisins et noix
- Pain toasté
- 1 compote pomme-poire

Salade de chèvre aux raisins et noix

- Salade verte
- Fromage de chèvre
- Une petite poignée de raisins
- 1 c. à s. de noix concassées
- Vinaigrette au miel : 1 c. à c. de moutarde, 1 c. à c. de miel, 1 c. à s. de vinaigre balsamique, 1 c. à s. d'huile, poivre

Lorsque vous agrémentez vos repas avec des oléagineux (noix, noisettes, noix de cajou…), pensez à diminuer votre ration de matières grasses car les oléagineux sont des fruits gras.

JOUR 3

Petit déjeuner (P 12 % L 34 % G 54 %)

- Thé ou café
- Toasts beurrés
- 1 yaourt nature aux fraises des bois fraîches

Déjeuner (P 15 % L 34 % G 51 %)

- Salade verte aux copeaux de parmesan, légèrement assaisonnée
- Courge butternut au four
- Boulgour d'épeautre
- 1 petite poignée de litchis

Dîner (P 11 % L 33 % G 56 %)

- Carbonara d'automne
- 1 poire

Courge butternut au four

Préchauffez le four à 210 °C (th. 7). Pelez, épépinez et coupez en lamelles de 1 cm d'épaisseur 300 g de courge butternut. Dans une poêle, faites fondre une noisette de beurre et faites revenir un mélange d'oignon et d'ail haché. Ajoutez 1 c. à c. de graines de sésame et déglacez la poêle avec 1 à c. à c. de sauce soja et 1 c. à s. de sirop d'érable. Badigeonnez les tranches de courge avec la sauce et déposez-les uniformément sur une plaque de four recouverte de papier cuisson. Faites cuire au four pendant 30 min, en retournant à mi-cuisson.

Carbonara d'automne

Faites cuire à la vapeur ½ panais coupé en petits dés. Réhydratez les protéines de soja et réservez. Dans une poêle, faites chauffer 1 c. à s. d'huile d'olive et faites revenir de l'oignon émincé. Ajoutez les dés de panais et des champignons émincés, et laissez cuire. Déglacez la poêle avec 1 c. à s. de crème fraîche. Ajoutez les protéines de soja et assaisonnez avec du sel, du poivre et du curcuma. Faites cuire des tagliatelles fraîches 3 min dans de l'eau bouillante puis servez-les, nappées de sauce.

JOUR 4

Petit déjeuner (P 15 % L 31 % G 59 %)

- 1 bol de lait au miel
- Céréales et oléagineux
- 2 kiwis

Déjeuner (P 14 % L 29 % G 57 %)

- Salade verte légèrement assaisonnée
- Gratin de blé
- 1 compote pomme-coing

Dîner (P 10 % L 36 % G 54 %)

- Carottes et échalotes râpées en vinaigrette
- Omelette forestière
- Pommes de terre
- ½ mangue

Gratin de blé

Faites suer dans une poêle avec un filet d'huile 1 poireau et de l'oignon émincé. Préchauffez le four à 210 °C (th. 7). Dans un plat à gratin, mélangez les légumes sautés avec du blé cru et 1 saucisse de soja coupée en rondelles. Recouvrez à hauteur de bouillon de légumes. Faites cuire au four pendant 30 min. Servez le plat chaud, parsemé de persil haché.

Omelette forestière

- 2 œufs
- Des champignons émincés
- Du persil haché
- ½ verre de lait

JOUR 5

Petit déjeuner (P 11 % L 37 % G 52 %)

- Thé ou café
- Pain beurré et fromage
- 1 verre de jus de fruit

Déjeuner (P 16 % L 30 % G 54 %)

- Sandwich au tempeh
- 1 fruit

Dîner (P 15 % L 38 % G 47 %)

- Poireaux vinaigrette
- Gnocchi à la sauce tomate et au parmesan
- 1 banane

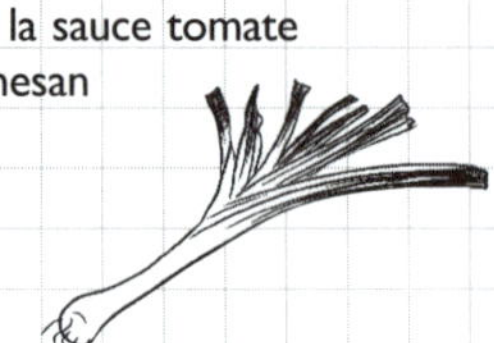

Sandwich au tempeh

Faites tremper le tempeh, coupé en tranches, dans un mélange de sucre de canne complet (1 c. à c.), de sauce soja (2 c. à c.) et de poivre. Faites revenir les tranches à la poêle, avec un peu de matière grasse. Coupez le feu et ajoutez un filet de jus de citron, puis assaisonnez de graines de sésame et de gingembre frais râpé. Préparez le sandwich avec du pain complet, des tranches de pomme, des feuilles d'épinard frais et le tempeh. Ajoutez la sauce : mixez ¼ de gousse d'ail, 1 c. à s. de tofu soyeux, une pointe de moutarde, du curcuma, du vinaigre de cidre, de l'huile d'olive, du sel et du poivre… et dégustez !

Ce déjeuner 100 % végétal convient au végétalien.

JOUR 6

Petit déjeuner (P 11 % L 35 % G 54 %)

- Thé ou café
- Toast au beurre d'amande
- 1 œuf à la coque
- 1 poignée de raisins

Déjeuner (P 11 % L 34 % G 55 %)

- Duo de quinoa et poivrons multicolores sautés
- 1 faisselle (à 0 % de matières grasses), assaisonnée au sel, poivre, échalote et ciboulette
- 2 quetsches

Dîner (P 13 % L 35 % G 52 %)

- Salade verte légèrement assaisonnée
- Tempeh pané
- Riz 3 couleurs
- 1 pomme golden

Tempeh pané

Faites mariner pendant 10 min le tempeh, coupé en dés, dans de la sauce soja. Dans un bol, mélangez un demi-verre de lait de soja (ou de riz) et 1 c. à c. de moutarde. Dans un autre bol, mélangez un demi-verre de farine, 1 c. à s. de graines de sésame, du thym, de l'origan, du paprika et du poivre. Passez les dés de tempeh dans le premier bol, puis dans le deuxième, et faites-les cuire à la poêle avec de l'huile d'olive. Préparez la sauce : faites revenir à feu moyen, avec une noisette de beurre, de l'oignon, de l'ail et du gingembre frais mixés. Ajoutez 1 c. à c. de farine et laissez brunir. Ajoutez 1 verre de jus d'orange frais et fouettez jusqu'à épaississement. Servez le tempeh pané avec la sauce.

JOUR 7

Petit déjeuner (P 10 % L 33 % G 57 %)

- Thé ou café
- Tartines de fromage de chèvre, miel et noix
- 2 prunes

Les sucres lents du repas sont ici apportés par les pois cassés. Compte tenu de leur forte teneur en protéines (22 %), un laitage suffit à équilibrer votre repas.

Déjeuner (P 18 % L 27 % G 55 %)

- Fenouil cru en vinaigrette
- Purée de pois cassés
- 1 yaourt nature sucré à la cassonade
- 1 salade de fruits

Purée de pois cassés

Épluchez et émincez un petit oignon et 1 carotte. Dans une cocotte, versez les pois cassés, l'oignon, les morceaux de carotte, du laurier et du thym. Recouvrez avec un demi-litre d'eau froide et laissez cuire 20 min après rotation de la soupape. À la fin de la cuisson, passez l'ensemble au moulin à légumes ou écrasez à la fourchette. Incorporez un demi-verre de lait pour hydrater la purée, une noix de beurre et de la muscade râpée. Servez chaud.

Pensez à répartir votre ration de matières grasses sur l'ensemble du repas.

Dîner (P 12 % L 37 % G 51 %)

- Salade verte légèrement assaisonnée
- Flan de légumes
- Pain de campagne
- 1 compote de fruits

Flan de légumes

Faites cuire des morceaux de carotte et des feuilles d'épinard à l'étouffée avec un peu de matière grasse. Réduisez le tout en purée. Mélangez 2 œufs, 1 c. à s. de Maïzena, du sel, du poivre et de la noix de muscade en poudre. Ajoutez les légumes et disposez la préparation dans un ramequin. Faites cuire au bain-marie, placé au four, pendant 25 min à 180 °C (th. 6).

Mes menus automne : semaine 3

Cette semaine, on voyage encore ! Risotto, pizza, bun's, kebab, haricots rouges à la mexicaine sont au menu. Et nous reviendrons à la maison avec un petit salé aux lentilles façon vegan !

JOUR 1

Petit déjeuner (P 12 % L 34 % G 54 %)

- Thé ou café
- Galettes de flocons de millet
- 1 verre de jus de fruits

Galettes de flocons de millet

Préparez la pâte : mélangez 1 verre de lait et quelques gouttes d'extrait de vanille. Ajoutez les flocons de millet et laissez reposer (les flocons vont absorber le liquide). Ajoutez ensuite, ½ œuf, 1 c. à c. de sucre, 1 c. à c. bomber de Maïzena et une pincée de sel. Mélangez bien. Dans une poêle légèrement huilée, faites cuire les galettes comme des mini-crêpes. Servez les galettes recouvertes de beurre d'arachide et d'un filet de miel.

Déjeuner (P 12 % L 36 % G 52 %)

- Œufs durs à la mayonnaise
- Risotto asiatique
- 1 poire conférence

Risotto asiatique

Faites sauter du poireau coupé en rondelles et du poivron rouge en lanières avec du beurre, puis déglacez avec de la sauce soja. Ajoutez le riz (à risotto) et faites-le cuire pendant 15 min en rajoutant du bouillon de légumes chaud au fur et à mesure qu'il est absorbé. Ajoutez du poivre, du curry et 1 c. à c. de tofu soyeux. Mélangez et servez chaud.

Dîner (P 12 % L 37 % G 51 %)

- Trio de farfalle, légumes sautés et emmental râpé
- Crème brûlée aux fruits

Crème brûlée aux fruits

Préchauffez le four position gril, à 210 °C (th. 7). Placez 125 g de quetsches coupées en tranches et dénoyautées dans un ramequin. Mixez 30 g de tofu nature, 50 g de crème de soja et du zeste de citron vert finement râpé. Versez la préparation sur les fruits et recouvrez avec 1 c. à c. de cassonade. Passez sous le gril jusqu'à ce que la cassonade se caramélise. Dégustez tiède ou froid.

JOUR 2

Petit déjeuner (P 12 % G 31 % L 57 %)

- 1 bol de lait au chocolat en poudre
- Tartines beurrées
- 1 verre de jus de fruits

Déjeuner (P 14 % L 33 % G 53 %)

- Gratin de panais
- Pain multicéréales
- 1 poire Williams

Le panais est un légume, ce n'est pas un sucre lent. Il faut donc équilibrer votre gratin de panais avec du pain. Vous pouvez également ajouter des pommes de terre dans le gratin.

Gratin de panais

Préchauffez le four à 210 °C (th. 7). Épluchez des panais et coupez-les en très fines rondelles. Disposez dans un ramequin à gratin les tranches de panais et de l'oignon émincé. Dans une casserole, faites chauffer un demi-verre de crème de soja, 1 c. à c. de farine, du sel, de la muscade en poudre, du thym et du poivre. Quand le mélange commence à bouillir, coupez le feu, puis versez-le sur les légumes. Couvrez la préparation avec de l'emmental râpé et faites cuire au four pendant 45 min.

Dîner (P 14 % L 33 % G 53 %)

- Salade verte légèrement assaisonnée
- Croque-monsieur d'automne
- 1 banane

Croque-monsieur d'automne

Faites revenir dans une poêle avec un peu d'huile, de l'échalote et des champignons émincés. Salez et poivrez. Faites une béchamel avec du beurre, de la farine, du lait et de la muscade. Ajoutez les légumes à la béchamel et disposez le mélange entre 2 grosses tranches de pain de mie légèrement grillées. Recouvrez le croque avec un peu de béchamel et du parmesan. Passez sous le gril du four pendant 5 min.

JOUR 3

Petit déjeuner (P 11 % L 28 % G 61 %)

- Thé ou café
- 1 croissant
- 1 laitage
- 1 verre de jus de fruits

Déjeuner (P 17 % L 27 % G 56 %)

- Duo de carottes et betteraves crues râpées légèrement assaisonnées
- 1 steak de soja grillé
- Pommes de terre à la crème fraîche et ciboulette
- 1 compote de poires

Dîner (P 12 % L 29 % G 59 %)

- 1 bol de soupe de légumes
- Buns à la forestière
- 1 poignée de raisins

Buns à la forestière

Préparez la pâte à pain pour « buns » : mélangez 80 g de farine, 1 c. à c. de sucre et une pincée de sel. Faites un puits et ajoutez-y 1 c. à c. de levure de boulanger déshydratée. Mélangez 30 ml de lait et 1 c. à s. d'eau et ajoutez au mélange précédent. Ajoutez 1 noisette de beurre mou et pétrissez la pâte jusqu'à obtenir une boule bien lisse. Faites lever à couvert, dans un endroit tiède pendant 1 h. **Préparez la farce :** faites suer des champignons et des poireaux avec une noisette de beurre puis rajoutez un peu de crème fraîche. Étalez la pâte à buns sur un plan de travail puis déposez les légumes au centre. Ajoutez de l'emmental râpé et refermez les buns. Disposez sur une plaque de cuisson au four recouverte de papier sulfurisé. Aspergez légèrement les buns de lait et saupoudrez des graines de sésame sur le dessus. Faites cuire les buns pendant 20 min au four (180 °C, th. 6). Servez chaud ou tiède.

JOUR 4

Petit déjeuner (P 11 % L 36 % G 53 %)

- Thé ou café
- Tartines de baguette au pavot beurrées
- Smoothie poire-banane

Smoothie poire-banane

Mixez ½ poire red-williams, ½ banane, 1 yaourt liquide, un demi-sachet de sucre vanillé, 1 verre de jus de mangue et 1 c. à s. de jus de citron. Servez frais.

Déjeuner (P 13 % L 37 % G 50 %)

- Salade cocotte
- 1 pomme

Salade cocotte

- Mâche
- Haricots verts
- Pommes de terre
- Œufs mollets
- Vinaigrette

Dîner (P 19 % L 31 % G 50 %)

- 1 bol de soupe de légumes
- Petit salé aux lentilles vegan

Petit salé aux lentilles vegan

Dans une cocotte, faites revenir pendant quelques minutes 1 carotte coupée en rondelles, ½ oignon émincé et du céleri-branche également émincé. Ajoutez des lentilles blondes et deux fois le même volume de bouillon de légumes. Assaisonnez avec du cumin en poudre, 1 clou de girofle et une pointe de piment. Couvrez et laissez mijoter 30 min à feu doux. Découpez le tofu fumé en lamelles et faites-les dorer avec un filet d'huile dans une poêle. Servez les lentilles, les légumes et les lamelles de tofu mélangés.

JOUR 5

Petit déjeuner (P 15 % L 32 % G 53 %)

- Thé ou café
- Pain
- Fromage
- Oléagineux
- Fruit

Déjeuner (P 14 % L 36 % G 50 %)

- Salade de mâche et oignons rouges émincés en vinaigrette
- Champignons farcis
- Riz complet
- 1 poignée de figues fraîches

Dîner (P 27 % L 27 % G 46 %)

- Chou chinois émincé légèrement assaisonné
- Kebab au seitan grillé
- 1 fruit

Champignons farcis

Préchauffez le four à 210 °C (th. 7). Enlevez la queue de 2 gros champignons et nettoyez-les. Mixez les queues avec de l'ail, des échalotes et du persil. Ajoutez du parmesan au mélange et farcissez-en les têtes de champignon. Faites cuire au four pendant 20 min. Servez chaud.

Kebab au seitan grillé

Faites sauter dans une poêle, avec un peu d'huile d'olive, de l'oignon et du poivron émincé. Assaisonnez les légumes avec du poivre et une pincée de ras al-hanout. Réservez. Faites griller le seitan coupé en lamelles et mélangez-le aux légumes. Farcissez un pain à kebab avec ce mélange et servez-le avec la sauce : 1 c. à s. de yaourt grec, une pointe de mayonnaise, ¼ de citron pressé, une pincée de piment doux et un peu de cumin, d'ail en poudre, d'herbes de Provence, de persil et de menthe.

JOUR 6

Petit déjeuner (P 14 % L 27 % G 59 %)

- Ricorée au lait
- Toasts au beurre avec un peu de confiture
- 2 kiwis

Déjeuner (P 12 % L 29 % G 59 %)

- Crudités légèrement assaisonnées
- Haricots rouges à la mexicaine
- Salade de fruits

Dîner (P 14 % L 33 % G 53 %)

- Salade verte légèrement assaisonnée
- Riz pané à l'emmental
- 1 poire

Pour équilibrer votre repas, vous adapterez le grammage des sucres lents au maïs et le grammage des protéines aux haricots rouges.

Haricots rouges à la mexicaine

Faites revenir avec de l'huile d'olive, de l'oignon et de l'ail haché. Ajoutez des poivrons en dés, du piment, du poivre et une demi-boîte de tomates concassées. Laissez mijoter 10 min à couvert. Ajoutez des haricots rouges appertisés, du maïs et un mélange d'épices mexicaines et laissez chauffer 10 min à découvert. Servez chaud.

Riz pané à l'emmental

Faites cuire le riz, égouttez-le et mélangez-le avec de la crème fraîche et de l'emmental râpé. Façonnez des palets de 2 cm d'épaisseur. Réservez. Dans une assiette, battez 1 œuf en omelette avec 1 c. à c. d'huile d'olive. Passez les palets dans ce mélange, puis dans la farine, et enfin dans la chapelure. Faites sauter les panés dans une poêle avec du beurre.

JOUR 7

Petit déjeuner (P 12 % L 31 % G 57 %)

- Thé ou café
- 2 crêpes au beurre et au sucre
- 1 banane

Déjeuner (P 13 % L 36 % G 51 %)

- Roquette légèrement assaisonnée
- Pizza Régina
- 1 fruit

Dîner (P 13 % L 33 % G 54 %)

- Polenta grillée aux champignons
- Haricots verts à l'ail
- Yaourt nature au miel et aux dés de poire

Pizza Régina

Faites sauter des champignons et des oignons émincés dans l'huile d'olive. Tartinez une pâte à pizza avec de la sauce tomate et des herbes de Provence. Recouvrez avec les légumes et de l'emmental râpé. Faites cuire la pizza au four préchauffé à 210 °C (th. 7) pendant 20 min.

Polenta grillée aux champignons

Faites cuire la polenta dans quatre fois le même volume de bouillon de légumes, en remuant. Ajoutez du comté râpé et de la crème fraîche et remuez. Dans une poêle, faites revenir du persil, de l'ail et de l'oignon haché avec de l'huile d'olive. Ajoutez des cèpes et laissez cuire à couvert pendant 10 min à feu doux. Placez la polenta dans un ramequin à gratin et ajoutez les cèpes ainsi que leur jus de cuisson. Passez le plat au four (210 °C, th. 7) pendant 20 min.

Mes menus automne : semaine 4

Cette semaine, on réhabilite le topinambour, on se régale de potimarron farci et on fête Halloween avec un couscous ! Et rien de mieux que de finir l'automne avec de délicieuses tartines de poires au gorgonzola pour aborder l'hiver tout en délice ! Bon appétit !

JOUR 1

Petit déjeuner (P 14 % L 29 % G 57 %)

- Thé ou café
- 1 laitage sucré au miel
- Céréales
- Oléagineux
- 1 verre de jus de fruits

Déjeuner (P 14 % L 31 % G 55 %)

- Salade verte légèrement assaisonnée
- Curry de pommes de terre
- 1 petite grappe de raisin noir

Dîner (P 15 % L 32 % G 53 %)

- 1 œuf sur le plat
- Haricots verts au coulis de tomates
- Pain
- Yaourt nature aux dés de pomme

Curry de pommes de terre

Réhydrater des protéines de soja dans un volume égal d'eau bouillante pendant 5 à 10 min selon la grosseur des protéines. Mixez une demi-boîte de tomates concassées avec de l'ail et des graines de coriandre. Dans une casserole, faites revenir dans de l'huile de l'oignon émincé et une pincée de cumin pendant 2 à 3 min. Ajoutez les épices : 1 c. à c. de curry, une pointe de curcuma et de piment. Ajoutez ensuite la sauce tomate. Remuez, puis ajoutez 1 c. à c. rase de concentré de tomates et du sel. Laissez cuire 3 à 4 min. Ajoutez les protéines de soja, les pommes de terre coupées en dés et des petits bouquets de chou-fleur. Allongez avec 1 verre d'eau et laisser cuire 10 min à petit bouillon. Servez, décoré de coriandre fraîche ciselée.

Haricots verts au coulis de tomates

Faites cuire les haricots verts frais dans un grand volume d'eau bouillante salée pendant 10 min. Dans une casserole, faites blondir un mélange d'oignon et d'ail haché avec de l'huile d'olive. Ajoutez une demi-boîte de tomates concassées et laissez mijoter à petit feu pendant plusieurs minutes. Ajoutez des feuilles de basilic et mixez la préparation. Servez les haricots verts avec le coulis de tomates.

JOUR 2

Petit déjeuner (P 12 % L 31 % G 57 %)

- Thé ou café
- Pain complet beurré
- Smoothie à la myrtille

Déjeuner (P 14 % L 36 % G 50 %)

- Salade verte assaisonnée
- Wrap à la tomate
- 3 quetsches

Dîner (P 11 % L 23 % G 66 %)

- Duo de carottes et panais sautés avec des petits oignons
- Duo de riz et lentilles
- 2 kiwis

Smoothie à la myrtille

Mixez un demi-verre de lait, un demi-pot de yaourt nature, ½ banane, 30 g de myrtilles surgelées et une pincée de noix de coco râpée. Servez frais.

Wrap à la tomate

Préchauffez le four à 180 °C (th. 7). Tartinez 1 galette wrap avec de la moutarde. Ajoutez des tranches d'emmental et des tomates concassées en boîte. Salez, poivrez et saupoudrez d'herbes de Provence. Roulez le wrap et passez-le au four pendant 5 à 10 min.

JOUR 3

Petit déjeuner (P 12 % L 38 % G 50 %)

- Thé ou café
- Toasts beurrés
- 1 œuf à la coque
- 2 clémentines

Déjeuner (P 16 % L 25 % G 59 %)

- Salade mixte du chef
- 1 pomme

Dîner (P 13 % L 34 % G 53 %)

- Gratin de topinambours
- Pain
- Fruit de la Passion

Salade mixte du chef

- Mâche
- Haricots verts
- Fèves
- Seitan grillé
- Vinaigrette aux graines de sésame

Gratin de topinambours

Épluchez 2 ou 3 topinambours et émincez-les en très fines tranches. Placez-les dans une casserole, avec un grand verre de lait, assaisonnez de sel, de poivre, d'ail haché et de noix de muscade puis portez à ébullition. Baissez le feu et laissez cuire 8 min en remuant de temps en temps. Retirez les tranches de topinambour et gardez le jus de cuisson. Dans un bol, mélangez 1 œuf, 100 g de crème de soja, une pointe de moutarde et ajoutez le jus de cuisson. Beurrez les bords d'un plat à gratin et disposez-y les tranches de topinambour. Ajoutez du fromage de chèvre émietté et recouvrez de la préparation (œuf, crème et jus de cuisson). Faites cuire au four à 180 °C (th. 6) pendant 20 min. Servez chaud.

JOUR 4

Petit déjeuner (P 13 % L 33 % G 54 %)

- Jus de carotte
- Pain aux graines de pavot beurré

Déjeuner (P 14 % L 31 % G 55 %)

- Poêlée de choux de Bruxelles
- Quinoa
- 1 fromage blanc sucré au miel
- 1 banane

Dîner (P 13 % L 34 % G 53 %)

- Potimarron farci
- Riz sauvage
- 1 orange

Jus de carotte

Faites cuire 1 grosse carotte (ou 2 petites) coupée en morceaux dans un grand volume d'eau bouillante pendant 10 min. Mixez-les et laissez-les refroidir. Ajoutez 1 pot de yaourt et le jus d'un quart de citron. Passez à nouveau au mixeur, en ajoutant de l'eau en fonction de la consistance désirée. Ajoutez 1 c. à c. de sucre complet et servez frais.

Potimarron farci

Faites cuire le potimarron entier au four, à 180 °C (th. 6) pendant 30 min. Dans une cocotte, faites revenir, avec de l'huile d'olive, de l'oignon émincé, de l'ail haché, des feuilles de chou chinois émincées et des carottes en petits dés. Laissez cuire en ajoutant un peu d'eau au besoin pendant 10 min. Ajoutez des protéines de soja réhydratées et réservez. Retirez le potimarron du four, coupez le chapeau et retirez les graines. Creusez le potimarron à l'aide d'une cuillère et ajoutez la chair aux autres légumes. Farcissez l'intérieur avec tous les légumes et servez chaud.

Le quinoa étant une céréale riche en protéines, un laitage suffit à l'équilibre du repas.

JOUR 5

Petit déjeuner (P 15 % L 32 % G 53 %)

- Thé ou café
- 1 bol de muesli nature et lait demi-écrémé, agrémenté d'amandes effilées grillées
- 1 verre de jus de fruits

Déjeuner (P 11 % L 27 % G 62 %)

- Curry de pois chiches
- Pommes de terre
- 1 compote pommes-poires

Dîner (P 22 % L 32 % G 46 %

- 1 steak de soja grillé
- Duo de pâtes et champignons à la crème
- 2 prunes

La pâte de curry est un mélange de paprika, de curcuma, de cumin, de coriandre, de piment, de garam massala et de gingembre, entre autres !

Curry de pois chiches

Dans une cocotte, faites revenir de l'oignon et de l'ail haché avec de l'huile d'olive. Ajoutez 1 grosse cuillerée à café de pâte de curry, 150 g de pois chiches en boîte et une demi-boîte de tomates concassées. Remuez et laissez mijoter 15 min ; Servez chaud, parsemé de persil ciselé.

JOUR 6

Petit déjeuner (P 11 % L 27 % G 62 %)

- Thé ou café
- Tartines de pain grillées au beurre et à la cassonade
- 1 verre de lait
- 1 compote de pommes

Déjeuner (P 16 % L 33 % G 51 %)

- Omelette persillée
- Choux de Bruxelles braisés
- Pain
- 1 orange

Dîner (P 11 % L 38 % G 51 %)

- Soupe mexicaine
- Pain
- Fromage
- 1 fruit

Choux de Bruxelles braisés

Faites cuire les choux de Bruxelles dans un grand volume d'eau bouillante pendant 15 min. Dans une cocotte, faites revenir dans une noix de beurre de l'oignon émincé finement. Réservez. Dans la cocotte, faites dorer des rondelles de carotte et les choux de Bruxelles à feu vif. Baissez le feu, ajoutez du thym, 1 feuille de laurier, du sel et du poivre puis recouvrez avec un bouillon de légumes. Laissez cuire 10 min. Servez les choux de Bruxelles et les carottes avec les oignons revenus.

Soupe mexicaine

Faites revenir une petite boîte de maïs avec de l'huile d'olive, ½ échalote hachée et des champignons émincés. Ajoutez 300 ml de bouillon de légumes. Faites cuire 15 min. Mixez, ajoutez du piment doux fumé en poudre et servez chaud.

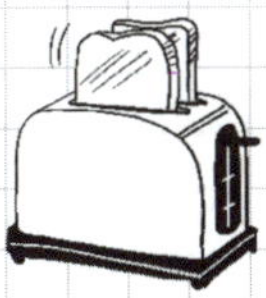

Le chou de Bruxelles est un légume peu sucré et très riche en vitamine C. Abusez-en sans compter !

Ce repas contient 2 sources de sucres lents : le maïs et le pain. Il est nécessaire de répartir vos besoins en sucres lents (définis p. 40) entre ces deux aliments.

JOUR 7

Petit déjeuner (P 11 % L 33 % G 56 %)

- Thé ou café
- Céréales
- 1 yaourt sucré au miel
- Oléagineux
- 1 verre de jus de fruits

Déjeuner (P 12 % L 25 % G 63 %)

- Couscous d'Halloween
- 1 salade d'orange à la cannelle

Dîner (P 13 % L 31 % G 56 %)

- 1 bol de soupe de légumes et sa cuillerée de crème
- Tartines de poire au gorgonzola
- 2 prunes jaunes

Couscous d'Halloween

Coupez des patates douces épluchées et du potiron en cubes. Dans une cocotte, faites revenir de l'oignon et de l'ail hachés avec du beurre. Ajoutez du gingembre, de la cannelle, du curcuma et du safran, et laissez mijoter 2 à 3 min. Ajoutez les cubes de légumes, des pois chiches, une petite poignée de raisins secs (facultatif) et 1 c. à c. rase de miel, puis mouillez avec un bouillon de légumes. Laissez cuire à feu moyen pendant 15 min. Servez le couscous avec de la semoule d'épeautre.

Tartines de poire au gorgonzola

Préchauffez le four à 180 °C (th. 6). Faites toaster des tranches de pain. Recouvrez les tranches de pain avec du gorgonzola et de fines tranches de poire. Enfournez pendant 10 min. Dans une poêle chaude, faites griller des pignons de pin en remuant bien pour ne pas les brûler. Sortez les tartines du four, recouvrez-les d'un filet de miel et de pignons de pin grillés. Servez chaud.

L'équilibre en protéines du repas est assuré par l'association de semoule d'épeautre et de pois chiches. Respectez bien votre ration de pois chiches (définie p. 40-41) afin de ne pas surcharger votre ration en sucres lents.

Mes menus hiver : semaine 1

Cette semaine, la saison hivernale pointe déjà le bout de son nez ! Mais pas de déprime, dans l'assiette, on s'amuse avec un chili con carne… sans carne, des toasts au crottin de Chavignol, un riz cantonais aux fruits secs, entre autres bonnes choses ! Et on se donne un coup de fouet avec un smoothie hyperprotéiné et une salade aux agrumes. Vive l'hiver !

JOUR 1

Petit déjeuner (P 11 % L 32 % G 57 %)

- Thé ou café
- Tartines beurrées à la margarine
- 1 yaourt nature agrémenté de morceaux de fruits frais

Pour un petit déjeuner végétalien, le yaourt nature peut être remplacé par un laitage nature au lait de soja.

Déjeuner (P 19 % L 26 % G 55 %)

- Chili con carne… sans carne
- Riz basmati
- 2 clémentines

Chili con carne… sans carne

Dans une poêle, faites revenir de l'oignon et de l'ail haché avec de l'huile d'olive. Ajoutez du poivron émincé et laissez cuire quelques minutes. Mélangez le tout avec des protéines de soja réhydratées, une demi-boîte de concassée de tomates et des haricots rouges déjà cuits. Épicez le plat avec un mélange d'épices à chili tout prêt du commerce ou en ajoutant à la préparation du piment, du paprika, de l'origan et du cumin.

Dîner (P 15 % L 33 % G 52 %)

- Soupe de légumes
- Tartines de pain beurrées
- Fromage
- Fruit

Soupe de légumes

Faites revenir, avec une noisette de beurre, des dés d'oignon émincé. Laissez brunir. Ajoutez des carottes en dés, des poireaux émincés et une petite pomme de terre coupée en morceaux, puis couvrez les légumes d'eau. Assaisonnez de sel et d'herbes aromatiques puis faites mijoter 15 min. Rajoutez 1 c. à c. de crème fraîche, mixez et servez votre soupe décorée de persil haché.

JOUR 2

Petit déjeuner (P 11 % L 38 % G 51 %)

- Thé
- Muffins anglais
- Beurre
- Fromage
- 1 verre de jus de fruits

Muffins anglais

Laissez reposer ½ c. à c. de levure de boulanger déshydratée et une pincée de sucre dans ½ verre de lait tiède. Mélangez 50 g de farine, du sel, 1 noix de beurre fondu, la levure et le lait, puis pétrissez jusqu'à obtenir une pâte lisse. Laissez la pâte gonfler pendant 1 h, puis étalez-la sur 1 cm d'épaisseur. Découpez des cercles de 6 à 8 cm de diamètre et laissez reposer encore 1 h. Déposez les muffins dans une poêle sur feu doux, sans matière grasse, et faites cuire 5 min de chaque côté.

Déjeuner (P 11 % L 36 % G 53 %)

- Salade vitaminée
- 1 yaourt nature sucré au miel

Salade vitaminée

- Feuilles d'endive émincées
- Kiwi
- Pamplemousse rose
- Maïs
- Fromage de chèvre
- Vinaigrette : huile d'olive, vinaigre balsamique, persil, sel et poivre

Dîner (P 14 % L 27 % G 59 %)

- Soupe de lentilles corail au lait de coco
- Pain beurré
- 1 orange

Soupe de lentilles corail au lait de coco

Faites cuire des lentilles corail pendant 20 min. Ajoutez un demi-verre de lait de coco, une pointe de curry et du poivre. Mixez le tout et servez chaud.

JOUR 3

Petit déjeuner (P 15 % L 30 % G 55 %)

- Thé ou café
- 1 bol de lait demi-écrémé
- Céréales nature
- Oléagineux
- 2 clémentines

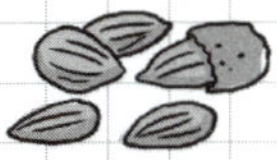

Déjeuner (P 16 % L 27 % G 57 %)

- Salade verte légèrement assaisonnée
- Coquillettes à l'italienne
- 1 fruit

Coquillettes à l'italienne

Faites réhydrater 1 petite boîte de concentré de tomates avec de l'eau, du basilic haché, une pointe de curry et ½ c. à c. de sucre. Dans une poêle, faites revenir avec de l'huile d'olive de l'oignon émincé. Ajoutez des carottes coupées en petits dés, et laissez cuire 5 min. Mélangez ensuite du seitan mixé, et laissez cuire encore 5 min. Ajoutez la sauce tomate et laissez mijoter 10 min. Faites cuire les coquillettes dans un grand volume d'eau bouillante. Servez les pâtes recouvertes de sauce.

Dîner (P 13 % L 30 % G 57 %)

- 1 bol de soupe de légumes
- 1 œuf à la coque
- Tartines de pain beurré, coupées en mouillettes
- 1 yaourt agrémenté de morceaux de poire fraîche et de miel

Le yaourt apporte des protéines, il n'est donc pas nécessaire de consommer 2 œufs au cours de ce repas.

JOUR 4

Petit déjeuner (P 12 % L 38 % G 50 %)

- Thé ou café
- Pain
- Fromage
- 1 petite poignée d'oléagineux
- 2 clémentines

Déjeuner (P 13 % L 31 % G 56 %)

- Salade de chou rouge aux noix et tofu
- Pain
- Fruit

Salade de chou rouge aux noix et tofu

Faites mariner du tofu dans de la sauce soja pendant 1 h, puis faites-le revenir à la poêle avec un peu d'huile. Laissez refroidir. Râpez du chou rouge avec un petit oignon. Dans un saladier, mélangez 1 c. à c. de vinaigre balsamique, 1 c. à s. d'huile d'olive, du sel et du poivre. Ajoutez le chou et l'oignon râpé, le tofu, ainsi que des quartiers d'orange coupés finement. Mélangez le tout. Ajoutez quelques cerneaux de noix broyés, et servez la salade décorée de persil.

Dîner (P 13 % L 36 % G 52 %)

- Salade verte légèrement assaisonnée
- Toasts aux crottins de Chavignol panés
- 1 pomme pink lady

Toasts aux crottins de Chavignol panés

Coupez 2 tranches de crottin de Chavignol. Faites-les tremper dans de l'œuf battu puis dans des flocons d'avoine. Faites dorer dans une poêle les crottins de Chavignol. Toastez des tranches de pain complet, frottez-les avec une gousse d'ail puis disposez les crottins de Chavignol panés dessus. Servez chaud, accompagné de la salade verte.

JOUR 5

Petit déjeuner (P 11 % L 36 % G 53 %)

- Smoothie au thé vert et kiwis
- Tartines de pain au froment beurré
- 1 yaourt au soja sucré à la cassonade

Smoothie au thé vert et kiwis

Faites infuser le thé vert et laissez-le refroidir. Mixez 2 kiwis épluchés, le thé vert et le jus d'un citron. Passez le mélange au chinois pour enlever les pépins et servez bien frais.

Déjeuner (P 13 % L 34 % G 53 %)

- Endives en salade
- Omelette aux poireaux
- Pommes de terre
- 1 banane

Dîner (P 13 % L 30 % G 57 %)

- 1 bol de soupe
- Veggie burger d'hiver
- Dés d'ananas

Veggie burger d'hiver

Coupez 150 g de potimarron en fines lamelles et mélangez-les à de l'oignon et de l'ail émincés, de l'huile d'olive, des graines de sésames grillées, du sel et du poivre. Étalez le tout sur une plaque et faites cuire 30 min au four préchauffé à 180 °C (th. 6) et en retournant à mi-cuisson. Mélangez les légumes avec 40 g de comté râpé et une grosse c. à s. de chapelure mélangée à du persil haché. Façonnez une galette et repassez au four 10 min. Montez votre veggie burger avec du pain et de la salade émincée.

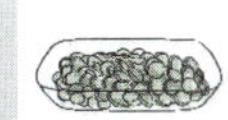

JOUR 6

Petit déjeuner (P 11 % L 30 % G 59 %)

- Thé ou café
- Tartines beurrées de pain à l'épeautre
- 1 laitage sucré
- 1 banane

La cuisson d'un légume ou d'un fruit entraîne une diminution de leur teneur en vitamine C. Veillez à toujours avoir un végétal cru dans le repas.

Déjeuner (P 14 % L 32 % G 54 %)

- Crudités légèrement assaisonnées
- Vermicelles à la forestière
- 1 compote pomme-poire

Vermicelles à la forestière

Faites cuire des pâtes vermicelles dans un grand volume d'eau bouillante. Préparez la sauce : faites revenir 1 échalote en morceaux avec de l'huile d'olive. Ajoutez des champignons émincés et du seitan grossièrement mixé puis laissez cuire quelques minutes. Coupez le feu et ajoutez 1 grosse c. à s. de crème fraîche à 15 %. Servez les pâtes recouvertes de sauce et de persil haché.

Dîner (P 11 % L 33 % G 56 %)

- Soupe poireaux et pommes de terre
- Pain
- Fromage
- Fruit

Soupe poireaux et pommes de terre

Émincez finement 1 poireau et ½ oignon. Faites fondre, dans une casserole, une noisette de beurre. Ajoutez l'émincé de poireaux et d'oignons et laissez étuver 5 min. Ajoutez 1 petite pomme de terre en morceaux et assaisonnez de poivre et de noix de muscade. Ajoutez 1 petit verre de lait et 1 bol d'eau. Laissez cuire à feu doux pendant 20 min. Ajoutez 1 c. à c. de crème fraîche, mixez et servez chaud.

JOUR 7

Petit déjeuner (P 11 % L 28 % G 61 %)

- Thé ou café
- 1 croissant
- 1 laitage
- 1 verre de jus de fruits

Les petits pois sont des légumes secs mais ils ne sont pas très riches en protéines. Sur ce repas, il est intéressant de compléter l'apport avec un laitage en dessert.

Déjeuner (P 12 % L 25 % G 63 %)

- Salade verte légèrement assaisonnée
- Riz cantonais aux fruits secs
- 1 yaourt nature à la vanille

Riz cantonais aux fruits secs

Faites cuire des petits pois surgelés à la vapeur et du riz basmati dans un grand volume d'eau bouillante. Dans une poêle chauffée, faites griller, sans matière grasse, une petite poignée de cacahuètes non salées. Réservez. Puis, laissez cuire quelques minutes de l'oignon haché dans de l'huile d'olive. Ajoutez quelques raisins secs, quelques abricots secs en morceaux, une demi-boîte de tomates concassées et 1 c. à c. de pâte de curry. Mélangez et laissez cuire 5 min à petit feu. Ajoutez le riz, les petits pois et les cacahuètes grillées. Servez le riz chaud, décoré de persil plat ciselé.

Dîner (P 14 % L 36 % G 50 %)

- 1 bol de soupe de légumes
- Crêpes aux poireaux
- 1 fruit

Crêpes aux poireaux

Préparez de la pâte à crêpes avec 1 œuf, 50 g de farine, une pointe de sel et 1 verre de lait. Laissez-la reposer 1 h. Faites fondre dans une poêle une noisette de beurre. Ajoutez 1 poireau émincé et laissez cuire quelques minutes. Saupoudrez de farine et remuez. Versez un demi-verre de vin blanc sur le mélange et laissez cuire à feu doux quelques minutes. Salez, poivrez et assaisonnez de noix de muscade. Ajoutez de l'eau (si nécessaire) et laissez cuire 10 min. Préparez les crêpes et fourrez-les avec la préparation de poireaux et de l'emmental râpé. Servez chaud.

Mes menus hiver : semaine 2

Cette semaine, nous allons explorer les préparations phares de l'hiver : la blanquette, les endives au gratin et la tartiflette arrivent au menu ! Et, bien sûr, tout est veggie et toujours équilibré !

JOUR 1

Petit déjeuner (P 11 % L 39 % G 50 %)

- Thé ou café
- Wrap aux pommes
- 1 verre de lait

Wrap aux pommes

Faites fondre une noix de beurre dans une poêle et faites dorer des morceaux de pomme. Ajoutez de la cannelle, 1 c. à c. de sucre et laissez les pommes caraméliser. Badigeonnez 1 galette wrap avec de la crème fraîche, ajoutez les pommes caramélisées, roulez le wrap et passez-le au four chaud pendant 5 min. Servez chaud.

Déjeuner (P 13 % L 31 % G 56 %)

- Salade de chou rouge râpé légèrement assaisonnée
- Blanquette de tofu
- Riz complet
- 1 banane

Blanquette de tofu

Dans une cocotte, faites revenir de l'oignon émincé avec de l'huile d'olive. Ajoutez des carottes en rondelles, du poireau émincé, des champignons émincés et du tofu coupé en dés. Salez, poivrez et faites revenir quelques minutes. Ajoutez 1 c. à s. de farine de maïs, remuez puis couvrez à hauteur avec un bouillon de légumes et laissez cuire 20 min à feu doux. Servez chaud.

Dîner (P 13 % L 36 % G 51 %)

- 1 bol de soupe de légumes
- Croque aux champignons
- 1 orange

Croque aux champignons

Faites revenir avec de l'huile d'olive, des champignons et des oignons émincés. Beurrez 2 tranches de pain, recouvrez de la préparation et d'un peu d'emmental râpé. Fermez le croque aux champignons et faites-le griller à la poêle.

L'emmental râpé peut être remplacé par des tranches de tofu, sans modifier l'équilibre du repas.

JOUR 2

Petit déjeuner (P 11 % L 37 % G 52 %)

- Thé ou café
- Pain complet beurré
- Fromage
- Salade de fruits

La mogette est un légume sec. Vous pouvez facilement la remplacer par des lentilles ou une autre variété de haricots blancs.

Déjeuner (P 13 % L 26 % G 61 %)

- Sandwich vendéen
- 1 fruit

Sandwich vendéen

Mixez de l'ail, du cumin en poudre, de la coriandre en poudre, du persil plat avec du jus de citron et de l'huile d'olive. Ajoutez des mogettes (variété de haricots blancs) cuites et égouttées. Préparez le sandwich avec du pain, la purée de mogettes, des feuilles de mâche et des champignons crus émincés.

Dîner (P 13 % L 32 % G 55 %)

- 1 bol de soupe de légumes variés
- Penne au Kamut© à la sauce pesto et aux dés de seitan grillés
- 1 pomme golden

Lorsque vous préparez de la soupe, faites-en une marmite ! Vous pourrez la conserver 3 jours au réfrigérateur et plusieurs semaines au congélateur !

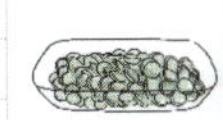

JOUR 3

Petit déjeuner (P 13 % L 34 % G 53 %)

- Thé ou café
- Porridge d'amarante aux dés de poire

Porridge d'amarante aux dés de poire

Rincez les graines d'amarante et placez-les dans 2 fois leur volume d'eau froide. Portez à ébullition et laissez cuire 20 min. Mélangez les graines d'amarante avec 1 yaourt, 1 c. à c. de miel, des oléagineux et 1 poire coupée en dés. Mélangez et servez tiède ou froid.

Déjeuner (P 11 % L 32 % G 57 %)

- Salade d'hiver
- 1 yaourt nature sucré à la cassonade

Salade d'hiver

– Betteraves rouges crues râpées
– 1 pomme râpée
– Quinoa cuit
– Vinaigrette : huile d'olive + jus de citron + moutarde + persil

Dîner (P 18 % L 27 % G 55 %)

- Duo d'épeautre et d'épinards à la crème
- 1 verre de lait chaud au miel
- 2 clémentines

Le quinoa étant une céréale riche en protéines, un laitage suffit à l'équilibre de votre repas.

L'amarante est une céréale. Pour l'équilibre de votre repas, vous en consommerez selon la quantité de céréales nécessaires à votre petit déjeuner, déterminée p. 42-43.

JOUR 4

Petit déjeuner (P 16 % L 34 % G 50 %)

- Thé ou café
- Lait de soja
- Céréales et oléagineux
- 1 verre de jus de fruits

Déjeuner (P 13 % L 34 % G 53 %)

- Crudités légèrement assaisonnées
- Seitan à l'indienne
- Riz basmati
- 1 fruit

Seitan à l'indienne

Coupez le seitan en cubes et faites-le dorer dans une poêle avec de l'huile d'olive. Puis faites-le mariner une demi-heure dans le mélange suivant : ½ yaourt de soja nature, ¼ de verre de lait de coco, de l'ail pilé, du gingembre frais râpé, 1 c. à c. d'huile d'olive, 1 c. à c. de concentré de tomates, quelques gouttes de jus de citron, une pincée de piment, 1 c. à c. de paprika, 1 c. à c. de garam massala et de la coriandre fraîche hachée. Placez le seitan et sa marinade dans un plat et faites cuire quelques minutes au four à 180 °C (th. 6). Servez chaud.

Dîner (P 14 % L 30 % G 56 %)

- Endives au gratin
- Pain aux céréales
- ½ mangue

Endives au gratin

Faites précuire 2 endives à la vapeur puis disposez-les dans un plat à four. Préparez une béchamel : mélangez beurre, farine, lait, noix de muscade, sel et poivre. Nappez les endives de cette sauce. Recouvrez avec de l'emmental râpé et passez au four 15 min à 210 °C (th. 7).

JOUR 5

Petit déjeuner (P 11 % L 27 % G 62 %)

- Thé ou café
- Pain toasté beurré
- Milkshake tahitien

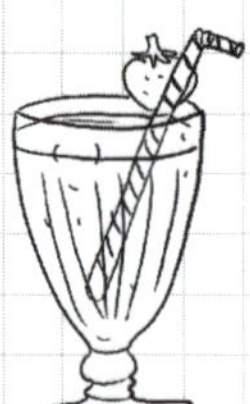

Milkshake tahitien

Mixez 1 yaourt, 1 banane, des glaçons et 1 c. à c. de sucre blanc. Servez frais, saupoudré de noix de coco en poudre.

Déjeuner (P 19 % L 33 % G 48 %)

- Salade babigeonne
- 1 faisselle à 0 % de matières grasses, sucrée au sirop d'érable

Salade babigeonne

Faites cuire les lentilles vertes dans l'eau bouillante pendant 15 min, puis égouttez-les. Mélangez les lentilles, ½ avocat (coupé en dès) et des lamelles d'oignon rouge. Servez la salade recouverte de sauce vinaigrette.

Dîner (P 10 % L 32 % G 58 %)

- Velouté de carottes et potiron
- Pain
- Fromage de chèvre
- 1 petite poignée de litchis

Velouté de carottes et de potiron

Épluchez et coupez en dès le potiron, 2 carottes et 1 pomme de terre. Faites cuire les légumes pendant 20 min, avec 1 verre de lait demi-écrémé, du bouillon de légumes, du poivre et de la muscade. Mixez et servez agrémenté de 1 c.à.s. de crème fraîche.

JOUR 6

Petit déjeuner (P 11 % L 34 % G 55 %)

- Thé ou café
- Pain beurré
- Œuf brouillé
- 1 verre de jus de fruits

Déjeuner (P 13 % L 35 % G 52 %)

- Crudités légèrement assaisonnées
- Risotto de potimarron
- 1 compote pomme-prune

Dîner (P 11 % L 32 % G 57 %)

- 1 bol de soupe de légumes
- Tartiflette aux poireaux
- 1 orange

Risotto de potimarron

Dans une casserole, faites blondir 1 échalote coupée en petits morceaux avec de l'huile d'olive. Ajoutez 1 portion de potimarron coupé en petits cubes. Salez, poivrez et laissez cuire 5 min en remuant. Mélangez avec du riz (à risotto) que vous laisserez blondir pendant quelques minutes. Arrosez avec un demi-verre de vin blanc et laissez cuire jusqu'à son évaporation complète. Ajoutez une louche de bouillon de légumes et laissez cuire jusqu'à son évaporation complète. Renouvelez l'opération plusieurs fois, pendant 15 min. Dans une poêle, faites revenir des champignons avec de l'huile d'olive, de l'oignon et de l'ail haché pendant 5 min. Réservez. Dans la même poêle, faites griller le tempeh coupé en morceaux. Déglacez la poêle avec un demi-verre de lait de coco, du curry, du sel et du poivre. Mélangez le riz, les champignons, le tempeh et la sauce, et servez le risotto décoré de coriandre fraîche.

Tartiflette aux poireaux

Mettez à cuire 2 poireaux émincés et des pommes de terre à la vapeur. Dans une poêle, faites revenir de l'oignon émincé avec un peu d'huile d'olive. Dans un plat à four, disposez les poireaux, les pommes de terre et les oignons. Recouvrez de reblochon et passez au four 10 min. Servez chaud.

JOUR 7

Petit déjeuner (P 11 % L 28 % G 61 %)

- Thé ou café
- 1 croissant
- 1 laitage
- 1 verre de jus de fruits

Déjeuner (P 14 % L 32 % G 54 %)

- Nouilles sautées au tofu
- ½ mangue

Dîner (P 13 % L 38 % G 49 %)

- Soupe de légumes
- Œufs à la coque et ses mouillettes au pesto
- 1 banane

Nouilles sautées au tofu

Faites mariner du tofu ferme coupé en dés, pendant 1 h au minimum, dans un mélange composé de 3 c. à s. de sauce soja, 2 c. à s. de jus de citron et une pincée de piment en poudre. Puis faites griller les dés de tofu au four, pendant 15 min à 180 °C (th. 6). Faites cuire des nouilles chinoises. Pendant ce temps, faites sauter dans une poêle des oignons, des carottes et des panais coupés en fins bâtonnets. Assaisonnez de sel et d'un mélange d'épice thaï. Baissez le feu et laissez cuire à couvert pendant 10 min. Ajoutez les nouilles et les dés de tofu puis arrosez de marinade. Servez chaud.

Mes menus hiver : semaine 3

Cette semaine, l'alimentation dans votre assiette est riche, variée et réconfortante ! La choucroute, les endives braisées et le pain perdu aux légumes côtoient un porridge aux saveurs d'Orient, une salade d'orange à la fleur d'oranger et un chili de légumes ! De quoi vous réchauffer et amener de la gaieté à ces journées d'hiver !

JOUR 1

Petit déjeuner (P 13 % L 36 % G 51 %)

- Thé ou café
- Porridge aux saveurs d'Orient
- Salade d'orange

Déjeuner (P 11 % L 38 % G 51 %)

- Salade du Ch'ti
- 1 compote de poires

Dîner (P 10 % L 32 % G 58 %)

- Choucroute veggie
- 1 banane

Porridge aux saveurs d'Orient

Faites bouillir 1 mug de lait et 1 verre d'eau. Ajoutez une pincée de sel, 1 c. à c. de cassonade et des flocons d'avoine. Laissez cuire en remuant pendant 5 min. Ajoutez 1 c. à s. de fleur d'oranger, 1 noix de beurre, une pincée de cannelle et 1 c. à c. de miel. Servez chaud ou tiède.

Salade du Ch'ti

- ½ pomme golden en dés
- ½ pomme royal gala en dés
- 1 endive émincée
- Pommes de terre
- Mimolette
- Vinaigrette : huile, moutarde, vinaigre, sel, poivre et cerneaux de noix concassés

Choucroute veggie

- Choucroute toute prête
- Pommes de terre vapeur
- 1 saucisse de soja (en magasin bio)
- Moutarde

JOUR 2

Petit déjeuner (P 13 % L 32 % G 55 %)

- Thé ou café
- Tartines de pain de maïs au beurre
- 1 fromage blanc à la vanille
- 1 verre de jus de fruits

Déjeuner (P 16 % L 33 % G 51 %)

- Salade verte assaisonnée
- Omelette au persil
- Pain
- Salade d'orange

Dîner (P 13 % L 36 % G 51 %)

- 1 steak de soja grillé
- Endives braisées
- Pommes de terre
- 1 fruit

Salade d'oranges

Coupez 1 orange pelée en fines tranches. Préparez le sirop : faites caraméliser dans une casserole 1 morceau de sucre trempé dans de l'eau. Passez le caramel sous un petit filet d'eau. Ajoutez de la cannelle en poudre et de la fleur d'oranger. Disposez les tranches d'orange sur une assiette et recouvrez-les de sirop.

Endives braisées

Dans une cocotte, faites fondre du beurre et disposez les endives. Salez, poivrez et assaisonnez de muscade. Ajoutez de l'ail haché et ½ verre d'eau. Couvrez et laissez cuire à feu doux pendant 25 min. Saupoudrez d'un peu de sucre et laissez caraméliser avant de servir.

JOUR 3

Petit déjeuner (P 13 % L 33 % G 54 %)

- Thé ou café
- Tartines beurrées de pain de seigle
- Fromage
- Jus de carotte et d'orange

Jus de carotte et d'orange

Coupez 1 carotte en rondelles et faites-la cuire 10 min dans 1 grand verre d'eau aromatisée avec des feuilles de menthe. Laissez refroidir la carotte et son jus. Pressez 1 orange. Mixez la carotte, le jus de cuisson et le jus d'orange. Servez frais.

Déjeuner (P 12 % L 37 % G 51 %)

- Duo de salade verte et d'emmental râpé, légèrement assaisonné
- Purée de patates douces
- 1 banane

Purée de patates douces

Faites cuire 1 grosse patate douce, préalablement lavée et épluchée, dans de l'eau bouillante pendant 20 min. Moulinez pour obtenir la consistance d'une purée, puis ajoutez un demi-verre de lait demi-écrémé. Assaisonnez avec du poivre, de la noix de muscade et/ou du paprika. Ajoutez une noisette de beurre et servez chaud.

> La châtaigne doit être considérée comme un sucre lent. Pour équilibrer votre repas, il est nécessaire de diminuer la quantité de pain (déterminée p. 40-41).

Dîner (P 13 % L 35 % G 52 %)

- Soupe de potiron à la châtaigne
- Pain
- Fromage
- Fruit

Soupe de potiron à la châtaigne

Épluchez une portion de potiron et coupez la chair en dés. Effilez et coupez une petite branche de céleri. Pelez et émincez finement ½ oignon. Faites chauffer une noisette de beurre dans une cocotte. Ajoutez l'oignon, le potiron et le céleri, et étuvez doucement à couvert pendant 10 min. Ajoutez 1 poignée de châtaignes cuites et pelées, mouillez avec 1 grand verre de lait demi-écrémé, salez, poivrez et portez à ébullition en remuant. Réglez le feu et laissez frémir 20 min. Servez chaud.

JOUR 4

Petit déjeuner (P 12 % L 39 % G 49 %)

- Thé ou café
- Toasts au beurre
- Œufs brouillés
- ½ pamplemousse

Déjeuner (P 10 % L 36 % G 54 %)

- Salade verte légèrement assaisonnée
- Gratin de butternut
- ¼ d'ananas

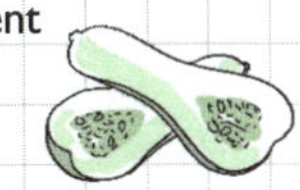

Gratin de butternut

Préchauffez le four à 210 °C (th. 7). Épluchez une portion de butternut et coupez-la en fines lamelles. Faites de même avec des pommes de terre. Dans un plat à gratin frotté à l'ail, alternez des couches de butternut, de pommes de terre et de fromage de chèvre. Assaisonnez de sel, poivre et ail haché. Recouvrez avec de la crème fraîche mélangée avec 1 verre de lait et de l'emmental râpé. Faites cuire au four 40 min. Servez chaud.

> Pour réduire le temps de cuisson, vous pouvez faire précuire à la vapeur les rondelles de butternut et de pomme de terre.

> Pour respecter l'équilibre du repas, vous devez répartir votre ration de fromage (définie p. 40-41) entre le fromage de chèvre et l'emmental râpé.

Dîner (P 15 % L 34 % G 51 %)

- Salade verte légèrement assaisonnée
- Galettes de poireau
- Blé Kamut©
- 1 compote de fruits

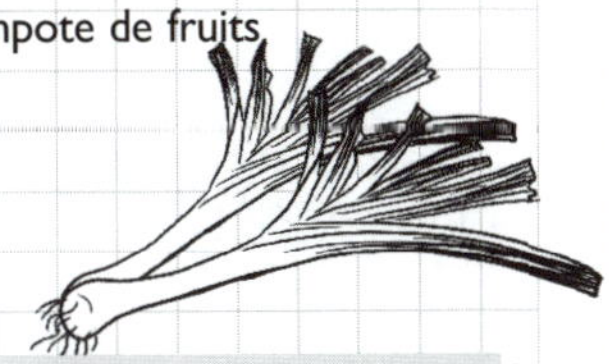

Galettes de poireau

Faites cuire à la vapeur du poireau émincé. Mixez le tofu ferme, 1 c. à s. de flocons d'avoine et 1 c. à c. de poudre d'amandes, une pointe de curry et de thym. Ajoutez le poireau et mélangez. Façonnez des galettes de ce mélange, saupoudrez-les de farine et faites cuire à la poêle à feu moyen, avec de l'huile d'olive, 2 min sur chaque face.

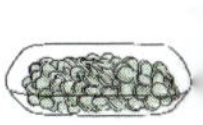

JOUR 5

Petit déjeuner (P 15 % L 30 % G 55 %)

- Thé ou café
- 1 bol de lait demi-écrémé
- Céréales nature
- Oléagineux
- 2 clémentines

Il y a 2 sources de protéines dans ce repas : le seitan et le parmesan. Pour l'équilibre de votre repas, pensez à diviser les quantités par deux (définies p. 40-41).

Déjeuner (P 18 % L 32 % G 50 %)

- Gratin de chou vert au seitan
- Boulgour d'épeautre
- 1 pomme

Gratin de chou vert au seitan

Préchauffez le four à 210 °C (th. 7). Faites précuire une portion de chou vert à la vapeur, puis passez-le au mixeur, avec le seitan. Dans une poêle, faites revenir de l'oignon et de l'ail finement émincés avec de l'huile d'olive. Disposez dans un plat à gratin tous les ingrédients, recouvrez de parmesan et faites cuire au four 40 min. Servez chaud.

Dîner (P 11 % L 34 % G 55 %)

- 1 bol de soupe de légumes
- Pain perdu à la tomate
- 1 fruit

Pain perdu à la tomate

Mélangez 1 œuf battu en omelette, 1 verre de lait, 3 c. à s. de coulis de tomates en boîte, 1 gousse d'ail hachée, 2 c. à c. d'herbes de Provence, du sel et du poivre. Faites tremper les tranches de pain dans le mélange puis laissez-les cuire dans une poêle avec de l'huile d'olive, quelques minutes sur chaque face. Servez chaud.

JOUR 6

Petit déjeuner (P 13 % L 35 % G 52 %)

- Thé ou café
- Tartines de fromage de chèvre frais aux cerneaux de noix
- 1 verre de jus de fruits

Comme tous repas équilibrés grâce à l'association céréales et légumes secs, ce repas a une proportion importante de glucides. Pensez à varier vos sources de protéines !

Déjeuner (P 12 % L 22 % G 66 %)

- Chili de légumes express
- Riz complet
- 2 kiwis

Chili de légumes express

Faites revenir pendant 3 min avec de l'huile d'olive 1 carotte coupée en dés, de l'oignon et de l'ail hachés. Ajoutez un verre de bouillon de légumes, une demi-boîte de tomates concassées appertisées, des haricots rouges en boîte et du piment. Portez à ébullition, baissez le feu et laissez mijoter 10 min.

Dîner (P 15 % L 38 % G 47 %)

- Salade verte légèrement assaisonnée
- Pizza savoyarde
- 1 compote de pommes

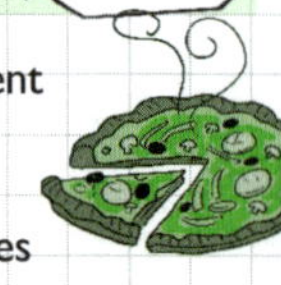

Pizza savoyarde

Préchauffez votre four à 210 °C (th. 7). Faites sauter des champignons et des oignons émincés avec de l'huile. Étalez la pâte à pizza sur du papier sulfurisé. Tartinez la pâte de sauce tomate, puis recouvrez avec les légumes et du reblochon. Passez la pizza au four 20 min.

JOUR 7

Petit déjeuner (P 13 % L 32 % G 55 %)

- 1 bol de Ricoré© au lait
- Galettes de riz beurrées
- 1 verre de jus de fruits

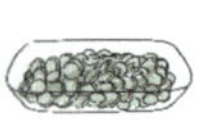

Le quinoa étant une céréale riche en protéines, 1 laitage suffit à l'équilibre du repas.

Déjeuner (P 12 % L 34 % G 54 %)

- Tagliatelles aux poireaux
- 2 clémentines

Tagliatelles aux poireaux

Faites cuire des blancs de poireau à la vapeur et des tagliatelles fraîches à l'eau. Mélangez les poireaux à des protéines de soja réhydratées, de la crème de soja, du sel, du poivre et une pincée de curry. Servez les tagliatelles recouvertes des poireaux en sauce.

Dîner (P 16 % L 32 % G 52 %)

- Soupe verte au quinoa
- 1 petit-suisse sucré avec 1 c. à c. de confiture
- 1 poire

Soupe verte au quinoa

Mettez un demi-cube de bouillon de légumes dans un demi-litre d'eau bouillante et ajoutez un quart de laitue. Laissez cuire 10 min puis mixez. Ajoutez le quinoa et laissez cuire 10 min.

Mes menus hiver : semaine 4

Cette semaine, nous terminerons l'hiver avec les autres grands classiques de la cuisine française revisitée façon « équilibrée et veggie ». Le hachis Parmentier, le chou farci et le risotto au tofu sont au menu ! Nous allons également savourer des porridges chauds ou froids et nous finirons la saison avec une recette typiquement savoyarde : le gratin de crozets ! À vos fourchettes !

JOUR 1

Petit déjeuner (P 11 % L 30 % G 59 %)

- Thé ou café
- Smoothie d'hiver
- Tartines grillées beurrées
- 1 yaourt nature

Smoothie d'hiver

Faites cuire 1 portion de potiron épluché et coupé en dés dans un grand volume d'eau bouillante pendant 10 min. Pressez 1 orange en jus et mixez-le avec le potiron cuit, ½ pomme en morceaux et 1 c. à c. de miel. Servez frais.

Le cheddar sert ici de protéines. Il faudra donc prendre en compte la présence des haricots blancs dans la recette et diminuer votre portion de pain (définie p. 40-41).

Déjeuner (P 16 % L 33 % G 51 %)

- Salade verte légèrement assaisonnée
- Lasagnes aux poireaux
- 2 kiwis

Lasagnes aux poireaux

Faites revenir dans une casserole 1 oignon émincé, puis ajoutez 2 blancs de poireau et ½ verre d'eau. Saupoudrez de curry et laissez cuire à feu doux pendant 10 min. Ajoutez ½ verre de crème de soja et mélangez. Disposez la préparation dans un plat à gratin, en alternant les feuilles de lasagne recouvertes de sauce tomate. Parsemez de parmesan et faites cuire au four 25 min à 210 °C (th. 7).

Dîner (P 16 % L 37 % G 47 %)

- 1 bol de soupe de légumes
- Burger à la forestière
- 2 grenades

Burger à la forestière

Mélangez 1 oignon émincé dans de l'huile d'olive avec des lamelles de champignon et un mélange d'herbes mixées (basilic, thym et romarin), et laissez cuire quelques minutes. Mixez 1 verre de haricots blancs appertisés, les champignons et les herbes, 1 c. à c. de chapelure, 1 c. à c. de fécule de pomme de terre et du poivre. Façonnez 1 steak et mettez-le à dorer avec un peu de matière grasse. Montez votre burger avec du pain pita, du cheddar en tranches et des feuilles de salade émincées.

JOUR 2

Petit déjeuner (P 11 % L 27 % G 62 %)

- Thé ou café
- Tartines beurrées de pain aux céréales
- Faisselle à la mangue

Faisselle à la mangue

Faites poêler des quartiers de mangue avec un peu de beurre et de sucre dans une poêle pendant quelques minutes. Faites griller des amandes effilées. Servez la faisselle à 0 % avec les mangues et les amandes, arrosée d'un trait d'extrait de vanille.

Déjeuner (P 12 % L 36 % G 52 %)

- Navets boule d'or farcis au quinoa
- 1 banane

Navets Boule d'or farci au quinoa

Videz 2 navets de variété boule d'or et faites-les précuire 15 min à la vapeur. Préparez la farce : faites cuire le quinoa pendant 10 min et mettez à dorer les oignons et les champignons hachés dasn de l'huile. Remplissez les navets avec les légumes, le quinoa et la crème soja, et recouvrez d'emmental râpé. Laissez gratiner au four quelques minutes.

Dîner (P 14 % L 28 % G 58 %)

- Salade verte légèrement assaisonnée
- Hachis Parmentier veggie
- Compote de fruits

Hachis Parmentier veggie

Faites cuire à la vapeur des carottes et des pommes de terre en morceaux. Écrasez le tout en purée avec de la crème soja, du sel, du poivre, et des herbes de Provence. Faites revenir à la poêle avec un peu de matière grasse, du seitan mixé avec de l'oignon et de l'ail haché. Mettez le tout dans un plat à gratin, recouvrez de la purée de carottes et de chapelure, puis faites gratiner sous le gril.

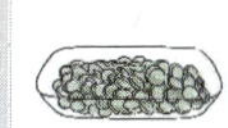

JOUR 3

Petit déjeuner (P 10 % L 35 % G 55 %)

- Thé ou café
- Pain grillé beurré
- Fromage de chèvre
- 1 verre de jus de fruits

Déjeuner (P 12 % L 35 % G 53 %)

- Salade veggie d'hiver
- Compote pommes-poires

Dîner (P 16 % L 30 % G 54 %)

- Soupe de légumes variés à la crème
- Œufs sur le plat
- Pain
- 2 clémentines

Salade veggie d'hiver

- Mâche
- Carottes râpées
- Riz complet
- Tofu coupé en dés et sauté avec de l'huile d'olive
- Vinaigrette : huile d'olive, citron, vinaigrette balsamique et poivre

JOUR 4

Petit déjeuner (P 12 % L 35 % G 53 %)

- Thé ou café
- Porridge d'hiver
- 1 orange

Déjeuner (P 14 % L 33 % G 53 %)

- 1 steak de soja grillé
- Duo de pommes de terre et légumes sautés
- ½ mangue

Dîner (P 16 % L 34 % G 50 %)

- 1 bol de soupe de légumes
- Panini aux champignons
- 1 fruit

Porridge d'hiver

Râpez 1 petite carotte puis mélangez-la à des flocons de millet, du lait, 1 c. à c. de tahin (purée de sésame), quelques amandes, une pointe de cannelle, de muscade et de gingembre. Faites cuire le mélange sur feu doux pendant 5 min. Servez tiède.

Pour varier vos petits déjeuners, variez vos flocons ! Hormis les flocons d'avoine, il existe aussi des flocons de millet, de riz, de quinoa, d'orge, de châtaigne, d'azuki, de pois chiche ou de pois cassé… La liste n'est certainement pas exhaustive !

Panini aux champignons

- Pain à panini
- Champignons
- Oignons
- Mozzarella
- Sauce : crème fraîche, curry, sel et poivre

JOUR 5

Petit déjeuner (P 16 % L 34 % G 50 %)

- Thé ou café
- Lait de soja
- Céréales et oléagineux
- ½ pamplemousse

Déjeuner (P 13 % L 34 % G 53 %)

- Carottes râpées légèrement assaisonnées
- Risotto au tofu
- 1 banane

Dîner (P 13 % L 33 % G 54 %)

- Velouté de carottes au ketchup
- Œufs brouillés
- Toasts grillés et beurrés
- 1 pomme Choupette®

Risotto au tofu

Faites revenir dans une poêle, avec un peu de matière grasse, des champignons émincés. Dans une cocotte, faites revenir de l'oignon émincé avec une c. à c. d'huile d'olive. Ajoutez le riz et les fèves, et faites chauffer quelques instants. Recouvrez de bouillon de légumes et laissez cuire à feu doux. Lorsque le bouillon est absorbé, ajouté 1 poignée de chou chinois émincé et recouvrez de bouillon. Laissez cuire jusqu'à absorption. Renouvelez ces étapes deux fois. Ajoutez une dernières fois du bouillon et du tofu fumé, et laissez cuire jusqu'à absorption du liquide. Ajoutez les champignons, mélangez et servez.

Velouté de carottes au ketchup

Faites cuire dans une casserole avec de l'eau, pendant 15 min, 1 pomme de terre et 2 carottes coupées en gros dés. Mixez le tout. Ajoutez 1 c. à s. de ketchup et un 1 c. à s. de jus d'orange, puis mélangez et servez.

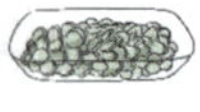

JOUR 6

(P 13 % L 31 % G 56 %) Petit déjeuner

- Thé ou café
- Tartines beurrées de pain complet
- Fromage blanc aux fruits

(P 15 % L 27 % G 58 %) Déjeuner

- Salade verte légèrement assaisonnée
- Curry de lentilles corail
- 2 clémentines

(P 16 % L 32 % G 52 %) Dîner

- Soupe de légumes à la crème
- Pain
- Fromage
- ½ pamplemousse

Fromage blanc aux fruits

Battez au fouet 1 pot de fromage blanc avec 1 c. à c. de miel et 1 c. à c. de sucre roux. Incorporez des rondelles de banane et 1 c. à s. de raisins secs. Mélangez et servez le fromage frais, décoré de feuilles de menthe.

Curry de lentilles corail

Déposez dans un saladier un demi-verre de flocons de riz recouverts d'eau. Faites revenir de l'oignon haché avec de l'huile d'olive puis ajoutez 1 c. à c. de pâte de curry et ¼ de verre de lait de coco. Ajoutez un demi-verre de lentilles corail et 2 fois le même volume d'eau. Mélangez, assaisonnez de curcuma et de gingembre puis laissez mijoter 5 min. Ajoutez une poignée de petits pois surgelés et poursuivez la cuisson 10 min. Égouttez les flocons de riz et ajoutez-les à la préparation. Mélangez et servez chaud, décoré de coriandre fraîche ciselée.

JOUR 7

(P 14 % L 32 % G 54 %) Petit déjeuner

- Thé ou café
- Porridge aux graines de chia

(P 15 % L 33 % G 52 %) Déjeuner

- Chou farci au quinoa
- 1 fromage blanc aux dés d'ananas

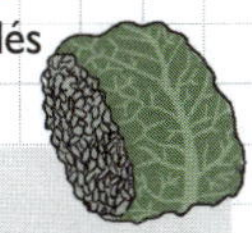

(P 17 % L 35 % G 48 %) Dîner

- 1 bol de soupe de légumes
- Crozets à la savoyarde
- 1 pomme golden

Porridge aux graines de chia

La veille au soir, mélangez des flocons d'avoine, 1 c. à s. de graines de chia et quelques gouttes d'extrait de vanille dans un bol de lait. Laissez reposer au réfrigérateur toute la nuit. Le lendemain matin, ajoutez au porridge des rondelles de banane et des amandes grillées. Servez froid.

Le porridge peut facilement se préparer sans cuisson, il faut juste s'y prendre la veille pour faire tremper les flocons toute une nuit dans du lait. Gain de temps assuré !

Chou farci au quinoa

Faites cuire le quinoa pendant 10 min dans 2 fois le même volume d'eau bouillante. Faites blanchir pendant quelques minutes des feuilles de chou vert dans un grand volume d'eau bouillante. Dans une cocotte, faites revenir de l'oignon, de l'ail et du gingembre haché dans une noix de beurre. Ajoutez des petits cubes de courge, des champignons émincés et du piment d'Espelette. Laissez chauffer quelques minutes. Mélangez la préparation au quinoa cuit. Disposez la farce sur les feuilles de chou et refermez les feuilles, façon « papillote ». Disposez les choux farcis, bien serrés, dans un plat à gratin. Ajoutez un fond de bouillon de légumes (1 à 2 cm), recouvrez de papier sulfurisé et faites cuire au four pendant 30 min à 180 °C (th. 6). À mi-cuisson, ôtez le papier sulfurisé. Servez chaud.

Crozets à la savoyarde

Faites cuire les crozets dans un grand volume de bouillon de légumes pendant 20 min. Préchauffez le four à 210 °C (th. 7). Dans un plat à gratin, disposez la moitié des crozets, poivrez et recouvrez avec la moitié de fromage beaufort râpé et 1 c. à s. de crème fraîche. Ajoutez le reste des crozets et de beaufort, et enfournez pendant 15 min. Servez chaud.

Les graines de chia sont riches en oméga 3, en fibres, en protéines et en calcium. Leur goût étant assez neutre, prenez l'habitude de les saupoudrer sur vos yaourts, vos salades, vos soupes, vos céréales…

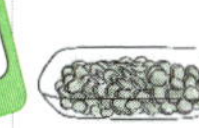

Conclusion : Concilier végétarisme, équilibre et plaisir, c'est facile !

L'alimentation végétarienne est soumise à de nombreux préjugés : elle coûte cher, elle paraît fade, elle est composée d'aliments qui n'apportent pas assez d'énergie, au risque de provoquer des carences… Et pourtant, ne plus manger de viande ni de poisson, ce n'est pas devenir sectaire ! Bien au contraire : il s'agit de jeter un œil dans votre assiette et de reprendre conscience de ce que vous mangez. Oubliez les aliments transformés industriellement, et reprenez le contrôle de votre alimentation !

Vous avez compris que l'alimentation joue un rôle majeur dans votre santé à long terme mais également dans votre bien-être au quotidien. En retirant la viande et le poisson de vos assiettes, vous vous faites du bien, à vous, mais également à la planète.

Cependant, il ne s'agit pas de manger seulement des légumes pour devenir végétarien. Grâce à *Mon cahier veggie*, vous avez appris à retirer la viande et le poisson de vos assiettes, en évitant les carences et en mangeant de façon vraiment équilibrée ! Vous savez maintenant quels sont les aliments de base qui composent un repas végétarien savoureux et qui apportent les bons apports nutritionnels. Vous vous êtes rendu compte que les ingrédients de la cuisine « veggie » se trouvent facilement, et que cela ne coûte pas plus cher de bien manger ! Enfin, les menus tout au long des quatre saisons vous ont familiarisé avec tout ce qu'il est possible de faire sans viande ni poisson, tout en maintenant un équilibre alimentaire dans votre assiette, sans passer des heures en cuisine !

Grâce à *Mon cahier veggie*, vous avez appris à concilier **végétarisme, équilibre et plaisir** : trois règles de bon sens indispensables au bien-être et à une bonne santé ! Je vous souhaite beaucoup de découvertes et d'amusement avec votre équilibre veggie !

Mes notes perso

Carnet d'adresses

Les bons plans veggie sur le Web...

www.vegetarisme.fr : le site internet de l'Association végétarienne de France. Vous y apprécierez ses « actus », son agenda (région par région) des manifestations type « pique-nique 100 % végétal » et ses recettes postées par les internautes.

www.jeudiveggie.be : c'est un site belge à l'origine de la campagne des « Jeudi Veggie ». Le but est d'encourager les particuliers, mais également les professionnels, à manger végétarien au moins une fois par semaine. Le site regorge d'astuces pour faire accepter l'idée en famille ou au bureau et dans les collectivités. Vous y trouverez des recettes de cuisine de légumes pour varier vos assiettes.

www.reseau-amap.org : ce site donne des informations sur le concept de l'agriculture raisonnée. Vous pourrez y trouver l'adresse de l'AMAP la plus proche de chez vous.

Les bons plans veggie sur la blogosphère...

www.100-vegetal.com : un blog pour celles et ceux qui veulent diversifier leur assiette 100 % végétale !
www.liliskitchen.com : un blog rempli de délicieuses recettes, avec des photos qui mettent l'eau à la bouche !

Les bons plans veggie dans la vie...

Vous trouverez facilement les produits vous permettant d'équilibrer et de varier vos assiettes veggie dans les Biocoop implantées un peu partout en France. Certaines jardineries possèdent également un rayon de produits bio diversifiés.

Remerciements
Harold, merci pour cette découverte ! Et j'adore quand tu t'envoles !
Spécial dédicace : BE IN Bégère !

Découvrez tous nos cahiers pratiques et notre catalogue sur :
www.solar.fr

Direction
Jean-Louis-Hocq

Direction éditoriale
Suyapa Hammje

Direction d'ouvrage
Juliette Collonge

Édition
Marion Guillemet-Bigeard

Mise en pages
Nord Compo

Fabrication
Céline Premel-Cabic

© Éditions Solar, 2015, Paris

Tous droits de traduction, d'adaptation et de reproduction par tous procédés, réservés pour tous pays.

ISBN : 978-2-263-06663-4
Code éditeur : S06750/04
Dépôt légal : mars 2015
Imprimé en France par Laballery - 511319

Solar | un département place des éditeurs